TEOLOGIA MORAL

Dados Internacionais de Catalogação na Publicação (CIP)
(Câmara Brasileira do Livro, SP, Brasil)

Moser, Antônio
  Teologia Moral : a busca dos fundamentos e princípios para uma vida feliz / Antônio Moser. – Petrópolis, RJ : Vozes, 2014.

Bibliografia.
ISBN 978-85-326-4778-8

1. Felicidade - Aspectos religiosos 2. Teologia Moral 3. Teologia Moral - Aspectos sociais

14-01922   CDD-241

Índices para catálogo sistemático:
1. Ética cristã : Cristianismo   241

Antônio
MOSER

TEOLOGIA MORAL

A busca dos fundamentos e princípios para uma vida feliz

1ª Reimpressão

EDITORA VOZES

Petrópolis

© 2014, Editora Vozes Ltda.
Rua Frei Luís, 100
25689-900 Petrópolis, RJ
www.vozes.com.br
Brasil

Todos os direitos reservados. Nenhuma parte desta obra poderá ser reproduzida ou transmitida por qualquer forma e/ou quaisquer meios (eletrônico ou mecânico, incluindo fotocópia e gravação) ou arquivada em qualquer sistema ou banco de dados sem permissão escrita da editora.

Diretor editorial
Frei Antônio Moser

Editores
Aline dos Santos Carneiro
José Maria da Silva
Lídio Peretti
Marilac Loraine Oleniki

Secretário executivo
João Batista Kreuch

Edição de texto: Otaviano M. Cunha
Diagramação: Sandra Bretz
Capa: WM design
Imagem de capa: Frei Fernando Jansen, 1984.
Fotografia: Bruno Tavares

ISBN 978-85-326-4778-8

Editado conforme o novo acordo ortográfico.

Este livro foi composto e impresso pela Editora Vozes Ltda.

Sumário

Prefácio, 9
Introdução, 15
1 Alguns desafios que a Teologia Moral encontra em nossos dias, 21
   1.1 Onde está a fonte originária da Ética?, 22
   1.2 Como articular a multiplicidade das várias expressões da Ética?, 25
   1.3 Como situar a Teologia Moral diante da novidade desafiadora?, 28
   Conclusão, 32
2 Onde se encontram as fontes da Teologia Moral?, 35
   2.1 Aliança: palavra-chave para entender a Moral à luz do Antigo Testamento, 37
   2.2 Jesus Cristo: fonte e norma, primeira e última, da Moral, 40
   2.3 Grande Tradição: marco do vigor da práxis cristã, 44
   Conclusão, 47
3 Do passado ao presente: uma trajetória longa e acidentada, 49
   3.1 Na origem dos manuais se encontram os *Penitenciais*, 50

    3.2 A luta entre a criatividade e a estabilidade, 52
    3.3 Força e fraqueza dos manuais neoescolásticos, 55
    Conclusão, 59
4 A Teologia Moral sob a inspiração do Vaticano II: sinais dos tempos, 61
    4.1 Moral Renovada ou em Renovação?, 63
    4.2 Libertação: palavra que traduz esperanças e gera temores, 66
    4.3 Conquistas e interrogações para a Teologia Moral, 69
    Conclusão, 74
5 Lei natural: referencial que deve ser repensado, 77
    5.1 Lei e direito naturais: o que permanece em meio às evoluções, 78
    5.2 Para além do imobilismo e da volatilidade se impõe uma compreensão dialética, 84
    5.3 O sonho de se alcançar uma pauta comum a todos passa pela aceitação da lei natural, 86
    Conclusão, 89
6 Liberdade: entre a ficção e a realidade, 91
    6.1 Liberdade não é conceito unívoco, 92
    6.2 Na busca de uma dimensão mais profunda, 93
    6.3 Para além do voluntarismo, a força dos condicionamentos, 97
    Conclusão, 107
7 Conscientização: a força de um fenômeno social, 109
    7.1 Para além da educação formal, 110
    7.2 Algumas interrogações de cunho ético, 119
    Conclusão, 122

8 Consciência: lugar de encontro do divino e do humano, 125
   8.1 Consciência como abertura total, 126
   8.2 Consciência como abertura para o transcendente, 128
   8.3 Consciência como abertura para si mesmo, 131
   8.4 Algumas explicitações, 133
   Conclusão, 142
9 Virtudes: a força de Deus atuando na fragilidade, 143
   9.1 Algumas marcas deixadas por grandes pensadores, 144
   9.2 Sob a inspiração do Concílio Vaticano II, 147
   9.3 Algumas abordagens teológicas atuais, 153
   Conclusão, 156
10 Com o Papa Francisco uma nova primavera é possível?, 159
   10.1 "Quem é este homem e de onde lhe vem tamanha sabedoria? (Mt 13,54-58), 161
   10.2 Não é teólogo de profissão nem administrador, mas interpela uns e abala outros, 169
Referências, 191

Prefácio

Afigura-se irreversível o surto renovador empreendido no seio da Igreja desde a eleição do Papa Francisco. Seu pontificado tem sido marcado pelo espírito de uma jubilosa presença, resgatando-nos aquela alegria e esperança (*Gaudium et Spes*) que moveram o Concílio Vaticano II. Cada pronunciamento do Papa Francisco parece indicar-nos a necessidade de trilharmos um caminho novo, buscando o urgente *aggiornamento* (atualização), alicerçado sobre duas colunas basilares: a alegria e o perdão. Essa ideia aparece repetidamente na Exortação Apostólica *Evangelii Gaudium*, na qual o papa nos apresenta o espírito do seu pensamento: *"Deus nunca se cansa de perdoar, somos nós que nos cansamos de pedir a sua misericórdia. Aquele que nos convidou a perdoar setenta vezes sete dá-nos o exemplo: Ele perdoa setenta vezes sete"* (EG 3).

Assim agindo, o Papa Francisco assumiu, com humildade e desvelo, o papel de *pontifex* (construtor de pontes) entre dois mundos – o já conhecido e aquele que agora se nos descortina –, mostrando-nos a urgência de fazer do sonho uma ponte, porque a grandeza do homem consiste num eterno reconhecimento de que somos uma ponte, e não um fim.

Festejado dentro e fora da Igreja, os gestos e pronunciamentos do Papa Francisco têm gerado enorme expectativa sobre as possíveis mudanças que ele empreenderá no seio da Igreja. Muitos imaginam, inclusive, que ele abandonará o patrimônio milenar da Tradição, no campo da Moral, para responder aos constantes apelos da sociedade pós-moderna por mudanças radicais e quebra de paradigmas. Entretanto, percebemos que existe no papa o desejo de uma renovação concebida em seus justos termos e segundo o bom espírito.

Na verdade, essa preocupação dialógica – aqui entendida como síntese dos opostos – não surgiu com Francisco. Ele é filho do Concílio e manteve-se fiel, desde os primórdios de seu sacerdócio, ao espírito conciliar.

Há, sim, no seio da Igreja, o desejo de responder, de maneira nova e convincente, aos que questionam a nossa fé e o nosso modo de proceder ético e moral, sem a necessidade de desdizermos o patrimônio teológico formulado ao longo desses mais de dois mil anos.

Neste sentido, a Teologia Moral caminhará fiel às clássicas fontes da revelação, mas deverá debruçar-se sobre os sinais dos tempos e sobre o conhecimento que o homem tem de si mesmo, de modo a estar sempre em dia para adequadamente o servir. Lembremo-nos do esclarecedor discurso de Paulo VI (Cf. PAULO VI. Discurso na audiência geral de 07/10/1970), quando afirmou que o mundo tem necessidade de uma "moral nova". Nova, não no sentido de contrária ou oposta à tradição global e à mensagem de Jesus Cristo, mas sim porque inculca a novidade da vocação cristã e se abre ao sopro do Espírito, que nunca cessa de mostrar inúmeras possibilidades de aperfeiçoamento e adaptação às necessidades profundas do ser humano.

Sabemos, sim, que o homem de hoje, sem deixar de ser o homem de sempre, revela-se original e novo. Nós o conhecemos melhor quando patrocinamos o encontro entre a fé e a razão, aprimorando nosso conhecimento pelo inegável contributo das ciências históricas, humanas e sociais. Suscitado por esse espírito e atento aos novos caminhos da sociedade e da moral cristã, alegra-nos o surpreendente livro de Frei Antônio Moser.

Inspirado no hálito de alegria e franciscanidade das atitudes do Papa Francisco, nosso autor descortina essa novidade, latina e universal, trazida pelo papa advindo do "fim do mundo", que nos alerta sobre as periferias existenciais e nos apresenta a alegria do seguimento de Jesus Cristo, cujo fardo é leve (Mt 11,30b).

Nas páginas seguintes, Frei Moser nos mostra que o ser humano continua descobrindo e criando realidades novas, com uma mentalidade nova e linguagem plural. Não poucos cristãos reivindicam, mesmo que não percebam, o clamor de sua súplica: uma moral que aponte caminhos novos, cujo foco se concentre mais nas possibilidades do que nos impedimentos, tirando do tesouro da fé coisas novas e velhas, suscitadas pela força do Espírito Santo. Desejamos, sim, vencer o rosto carrancudo, enrugado e cadavérico de um proceder que mais condena do que suscita caminhos possíveis para encontrarmos o real sentido da vida, e a salvação.

Sim, a Igreja é vista por muitos como a "Igreja dos nãos". Agora, como bem nos ensina o Papa Francisco, precisamos fazer ressoar a "Igreja do sim". *"'Sim' ao direito de nascer e crescer num lar; 'sim' ao direito de ser original e irrepetível; 'sim' à verdadeira política familiar e demográfica; 'sim' à vida em todas as manifestações e em todas as fases; 'sim' às pesquisas levadas adiante com seriedade e serenidade; 'sim' às pesquisas com células adultas; 'sim' à transparência nos resultados; 'sim' à qualidade de vida para todos; 'sim' ao incremento dos meios convencionais; 'sim' à nossa condição criatural"*, como magistralmente concluiu Frei Moser (p. 188s.).

Desse modo, o presente livro se torna leitura obrigatória para aqueles que desejam conhecer e perscrutar os novos caminhos da Teologia Moral, aqui liberta da índole marcadamente casuística, racionalista e jurídica, lançando-a em novos empreendimentos salvíficos no seio da humanidade, que precisa de sal e fermento, fé, esperança e amor para viver da plenitude de Cristo.

Numa viagem surpreendente sobre as fontes da Teologia Moral, nosso autor nos conduz a um olhar profundo sobre os pontos basilares que a compõem, sempre fiel ao espírito e às orientações conciliares: o serviço da pessoa em toda a sua dignidade humana e cristã, o apreço das situações concretas na vida do homem, a criteriosa análise dos fenômenos eclesiais, a fim de que os processos humanos se mantenham na linha da fidelidade a Deus.

Tão vasta e profunda obra de renovação não deve ser desvirtuada pelo sensacionalismo e precipitação. O respeito, o discernimento e a prospecção são a melhor garantia do êxito que se procura. E é isso que a obra de Frei Antônio Moser nos garante, *na busca dos fundamentos e princípios para uma vida feliz.*

Dom Gregório Paixão, OSB

Introdução

Ética é uma das palavras mais pronunciadas em todos os tempos, pois de uma maneira mais ou menos explícita sempre se buscaram valores considerados vitais para a sobrevivência e desenvolvimento das pessoas e das sociedades. Essa busca pode ser melhor percebida quando se distingue Ética e *Ethos*. Este aponta mais para a identidade profunda das pessoas e, portanto, coloca-se no patamar ontológico, anterior mesmo ao discurso lógico racional. A Ética, por sua vez, está mais ligada aos valores referentes à vida em sociedade, e por isso mesmo passa por sucessivas elaborações. Não obstante as distinções, ambas traduzem a ideia de casa, moradia, ninho, identidade. Por isso mesmo, sobretudo em tempos mais recentes, elas se conjugam com outra palavra densa de significado: *Oikós*, referindo-se à casa onde habitam todos os seres, relacionando-se a ecologia.

Estas três palavras (Ética, *Ethos* e *Oikós*) estão intimamente unidas e são reveladoras de buscas e preocupações, pois são vitais para a vida dos seres no mundo. Tais buscas e preocupações conhecem naturalmente tônicas e intensidades diferentes. Os períodos de busca mais intensa por novos caminhos coincidem com crises, quando os valores tradicionais passam por questionamentos mais ou menos profundos, resultantes de uma multiplicidade de fatores. Certamente as últimas décadas são testemunhas de intensas buscas de novos caminhos, seja para superar o marasmo de um moralismo estéril, seja para responder de maneira mais adequada a novas interrogações que vão se colocando. Foi dentro desse contexto que, no campo ético – sobretudo a partir da década de 1970, e com especial ênfase na virada do milênio –, outro desdobramento emergiu com intensidade: a Bioética. Estando voltada para a defesa e a promoção da vida, em todas as suas manifestações e etapas, com enfoque inédito, a Bioética não apenas está no centro de atenções de muitos congressos científicos, como também é geradora de ampla e profunda produção intelectual (PESSINI, 2010).

Para desvendar os segredos da Ética nas vertentes filosófica, antropológica e teológica, o melhor caminho talvez seja o de ressaltar os desafios hodiernos. Mas estes só poderão ser devidamente compreendidos num contexto histórico que almeja as raízes mais profundas, seus desdobramentos no tempo, suas tentativas de resposta em cada período, até chegar às interrogações e conquistas mais recentes que, apesar de serem significativas em relação a momentos anteriores, não deixam de ser desafiadoras. Isto porque, ao menos aparentemente, sobretudo no que se refere à Teologia Moral, há pouco o que dizer à esmagadora massa humana e social, que vai apresentando contestações cada vez mais globalizadas e buscando seus próprios caminhos.

Contextualizar os desafios presentes se constitui no primeiro passo de nossa empreitada. Mas isso não é suficiente, pois pressupõe um segundo, no qual possam ser evidenciados os fundamentos mais profundos, tanto da Ética Filosófica quanto da Teologia Moral. E o objetivo principal de nossas abordagens em relação a esta última são os balizamentos estabelecidos pela Aliança, pelo Reino e pela Grande Tradição. Ainda que tais balizamentos também devam passar por um processo hermenêutico, são menos problemáticos do que outros referenciais igualmente importantes. Nesse sentido podemos citar (1) lei natural, (2) consciência e (3) liberdade. Sobretudo à medida que as ciências humanas e do social ganham força, multiplicam-se os questionamentos acerca destes pontos. Por isso, todos eles requerem verdadeira releitura na qual fiquem evidenciados, ao mesmo tempo, dados constantes e não constantes que variam de acordo com o tempo e as circunstâncias.

Nesse contexto de explicitação dos referenciais surge o questionamento basal sobre a razão de ser da Ética e de seus desdobramentos em nosso contexto histórico, no qual as ciências humanas e do social parecem ser autossuficientes, prescindindo tanto da Ética quanto da Teologia, e mormente da Teologia Moral. Desvelar o contributo dessas ciências para a Teologia e desta para aquelas torna-se uma questão vital, pois quando falamos de Ética e de Teologia não nos encontramos diante de meras especulações teóricas, mas sim diante de ciências que querem colaborar com as demais na construção de um novo ser num novo mundo. Se a missão das ciências humanas e do social é desvelar a realidade, a missão da Ética e da Teologia é desvelar o sentido último de todas as realidades, e com isso iluminar os caminhos e propor valores que se apresentam ao mesmo tempo como dons e como frutos do empenho humano. Tais valores têm o nome de "virtudes" que, do ponto de vista filosófico, falam de forças inerentes aos seres humanos, e, do ponto de vista teológico, da força de Deus atuando sobre a fragilidade das pessoas.

E não há como negar que diante de uma série de circunstâncias – mormente ligadas à perda de credibilidade da Igreja Católica e das religiões de um modo geral –, em um mundo que exige ferozmente sua autonomia, seja colocada a questão-síntese que traduz o momento histórico que vivenciamos: Em relação a propostas éticas e teológicas, uma nova primavera ainda é possível? O constante sorriso do Papa Francisco e seus posicionamentos surpreendentes contrastam com o clima vivenciado até então, quando apenas um pequeno número de professores de Teologia ousava escrever o que pensava, ao menos em relação às questões mais específicas de Ética e de Teologia Moral. Isso ressalta que anteriormente havia um grande paradoxo, isto é: um grande número de pessoas teologicamente preparadas e que eventualmente atuavam como bons professores, mas que prefeririam guardar para si e para um pequeno círculo de iniciados aquilo que deveria ser proclamado sobre os telhados.

A abundante produção intelectual sobre a Bioética não contraria a assertiva de que ela se apresenta como um campo que se presta melhor ao exercício da pluralidade e da liberdade de pensamento. E com um clima mais propício para a reflexão teológica, as esperanças de revigoramento da Teologia Moral já não parecem tão impossíveis. Com razão se diz que após o inverno a primavera começa a mostrar sua face. E esta face primaveril é indispensável para que a Teologia Moral se articule com todos os ramos da Teologia Sistemática e com todas as ciências, sempre na busca de melhores caminhos para a humanização das pessoas e da sociedade como um todo.

1
Alguns desafios que a Teologia Moral encontra em nossos dias

Falar em Teologia Moral nos dias atuais não é tarefa fácil, pois verificamos um grande paradoxo entre a proximidade e a distância das várias culturas e, consequentemente, das múltiplas concepções de valores, vida e éticas. A complexidade presente *no mundo* naturalmente exerce influência sobre as várias correntes éticas e até mesmo sobre as várias tônicas da Teologia Moral. Encontramo-nos dentro de muitos impasses e buscamos arduamente alternativas. Para nos ajudar nessa empreitada desafiadora buscamos respaldo na obra *Teologia Moral: impasses e alternativas* (MOSER & LEERS, 1987), com atualização e aprofundamentos necessários.

Entre os muitos desafios hodiernos da Teologia Moral, destacamos: 1) O resgate das raízes mais profundas da Ética, base dos desdobramentos posteriores. Ainda que de alguma forma a Ética, enquanto ciência, tenha nascido e sempre se renovado em períodos de crise, hoje não é possível percebê-la claramente em sua originalidade e, portanto, nem sempre é fácil estabelecer seus vínculos profundos e as diferenças em relação à Moral. 2) A dificuldade de articular as várias correntes éticas, mesmo aquelas que de uma forma ou de outra apontam para um caminho de realização humana. 3) A resistência em dar à Teologia Moral um lugar ao sol neste mundo rotineiramente marcado pela rejeição sistemática de qualquer parâmetro e, não obstante a isso, que aponte para o transcendente. E mais do que isto: em meio a inegáveis buscas e avanços de valores éticos é impossível não perceber uma espécie de articulação sistemática para virar pelo avesso o mundo dos valores. Trocando em miúdos: o que até há pouco era considerado virtude passa a ser categorizado como vício; o que era considerado vício passa a ser aclamado como virtude.

1.1 Onde está a fonte originária da Ética?

"Ética" é uma palavra dita constantemente; ora surge da boca dos que esbravejam contra a decadência dos costumes, ora da boca daqueles que tentam apresentar projetos de realização para a vida pessoal e social. Ela está na moda, despertando o interesse de um sempre maior número de pessoas, mas também acompanhada de crescentes contradições (CASTILHO, 2010: 10; AGOSTINI, 2010). Só por isso é possível perceber que todo discurso a seu respeito é portador tanto de insegurança quanto de polêmica. Mas, afinal, o que corresponde a uma postura ética e o que se contrapõe a ela? Em que se fundamenta? (MARCHIONNI, 2008; AZPITARTE, 1995; TU-

GENDHAT, 2003, 2000). É notório, por exemplo, que vivenciamos uma crise social em nosso país; ou seja, a segurança e os valores ordeiros vivenciados até há pouco estão cedendo lugar a desequilíbrios e badernas sociais. É neste contexto que se percebe melhor a necessidade de deixar as polêmicas e procurar a fonte originária da Ética, uma vez que a problemática atual remete para a sua fundamentação (TUGENDHAT, 2000: 26).

Ao se falar em Ética dificilmente se deixa de pensar em Grécia como berço dos primeiros e mais consistentes ensaios de elaboração do pensamento ético. Consequentemente surgem três expoentes: Sócrates, Platão e Aristóteles (PEGORARO, 2010). Para o primeiro deles a Ética não pode ser ensinada como instrução teórica. Ela se apresenta como virtude aprendida pelo exemplo de pessoas que sabem o que é o bem que fundamenta nossas condutas. Já para Platão, discípulo de Sócrates, o fundamento da Ética remete para a *ideia* do Bem e do Belo, ou seja, para o mundo transcendente. É a partir daí que descobrimos os valores. Para Aristóteles, a Ética direciona, antes de mais nada, para o plano ontológico. Segundo ele, o ser humano nasce ético porque pode, por meio de inteligência, coordenar os impulsos de sua natureza profunda (*physis*) e deliberar sobre suas ações. É importante notar que todos os três pais da Ética apresentam uma tônica finalista, que é a felicidade. Também é possível observar que eles pressupõem que a felicidade se concretiza na *polis*, à medida que ela se fundamenta na busca da justiça. Por isso mesmo – não esqueçamos de sua atualidade –, a política só será verdadeira quando se enraizar na Ética, que *sempre* busca o bem de todos.

Articulando esses três pensadores é possível perceber que Ética não pode ser confundida com *Ethos*, pois este remete à profundidade do ser humano. A fonte originária da Ética é, portanto, o *Ethos* que, em meio à diversidade de condições, faz-se sempre presente. Por isso, ele inspira todas as elaborações que merecem o nome de Ética. A riqueza dessa abordagem (VIDAL, 1975: 482-489) nos possibilita descer a uma profundidade nem sempre encontrada na palavra Moral. *Ethos* remete para refúgio, ninho, casa, moradia, identidade, consciência, eterna morada do ser, lá onde os seres humanos podem encontrar-se com *O Ser*, e, por meio dele, consigo mesmos. Não é por acaso que os pensadores gregos, sempre que falavam do *Ethos*, faziam-no com reverência, por se perceberem diante de um mistério nunca inteiramente desvelado, porque escondido na intimidade dos deuses.

Num segundo momento, *Ethos* passa a ser entendido também como identidade profunda dos povos. Uma comparação ilustra a diferença e a semelhança entre *Ethos* e Ética. *Ethos* remete para *physis*, natureza, no sentido profundo da palavra; Ética remete para *nomos*, lei. Ainda que sejam necessárias, as leis vão se revestindo de importância ainda maior, e se multiplicando, quanto mais vai se perdendo o sentido do *Ethos*. Este é como uma fonte de água borbulhante que brota das profundezas da terra, e por mais que se renove, mantém sua identidade; já a Ética remete para a captação dessa água. Ou seja, o *Ethos* se faz sinônimo do humano, enquanto que a Ética se constitui nas múltiplas interpretações das aspirações mais profundas dele. Dito de outro modo: o *Ethos* se coloca no plano ontológico; a Ética o faz no plano histórico cultural. Daí a diversidade de compreensões e expressões que aparecem nas muitas correntes éticas, embora todas pretendam salvaguardar a vida em sociedade.

1.2 Como articular a multiplicidade das várias expressões da Ética?

Pelo que vimos até aqui é possível perceber que, desde a Antiguidade, existem diferentes correntes éticas. Alguns adjetivos a ela acrescentados são reveladores disso: teleológica, deontológica, pragmática, contratualista, da virtude, do prazer, da utilidade, da felicidade... (BOLDA DA SILVA, 2005: 47ss.). Talvez possamos sinalizar dois grandes momentos da estruturação dessas correntes: 1º) A Ética compreende tão somente os seres humanos e suas relações entre si. 2º) Ela abrange todas as realidades da natureza.

O primeiro deles pode ser caracterizado como o momento da interioridade; o segundo como o momento da objetividade (PEGORARO, 2010, introdução). Entretanto, ambos vão ser melhor compreendidos quando se atentar para seu desdobramento, quando passa a integrá-la a fé cristã. Partindo da compreensão de que tudo e todos remetem para uma mesma fonte, que é Deus, a Ética cristã vai se caracterizar pela verticalidade. A soma desses três momentos nos faz entrever a estruturação de um paradigma milenar, no qual a racionalidade grega e a fé cristã vão inspirar as grandes coordenadas éticas até praticamente as grandes rupturas que ocorrem na Modernidade e na Pós-modernidade.

Entretanto, essas rupturas ficam mais evidenciadas se, em vez de simples momentos, nós passarmos a tratá-las como fases. Assim, podemos distinguir duas grandes fases: 1) Aquela que, com raras exceções, veio praticamente até os nossos dias. 2) A que se instaura em nossos dias. Na primeira delas, consciência, lei natural e cósmica se articulam em paradigmas diferentes, mas que remetem sempre para um sujeito, enquanto que agora a referência passa a ser o objeto. "A Ética contemporânea rompe não só com a metafísica e a tradição teológica, mas separa-se também da hegemonia da razão prática kantiana [...]" (PEGORARO, 2010: 10).

> Daqui arranca a Ética contemporânea, que quer ser objetiva, plural e pós-metafísica. Construiu, e segue construindo, vários paradigmas éticos. Os mais conhecidos são: Ética Discursiva, Ética da Reciprocidade, Ética da Justiça, Ética dos Direitos Humanos e Ética da Utilidade (utilitarismo) [...]. A Ética Discursiva visa estabelecer o princípio da universalização, vazio de conteúdo; nada prescreve, expressa apenas uma exigência: a exigência de que a norma ética deve ser aceita

por todos os participantes do debate ético (PEGORARO, 2010: 10-11).

Em meio a essa pluralidade de alguma forma homogênea, no sentido de se apoiar sobre um subjetivismo absolutista, vemos emergir outras correntes. Estas não apenas resgatam grandes intuições do passado, como também se abrem para novos desafios decorrentes de mudanças profundas no modo de os seres humanos viverem e se compreenderem. Ressaltamos duas delas: a Bioética e a Ecologia. Tanto uma quanto outra se estruturaram a partir da década de 1970. A Bioética, como a própria palavra sugere, surgiu das preocupações com as crescentes ameaças de desumanização. Seja por procedimentos na fase inicial da vida, seja pelos adotados em sua fase final, a mecanização humana levanta questões de densidade nunca imaginadas. O saber e o poder num nível tão veloz e tão profundo que escapa ao comum das pessoas acaba por estabelecer uma ambivalência inédita. Ciência e poder a partir da Biogenética e das biotecnologias, ao mesmo tempo que teoricamente propiciam benefícios inimagináveis em outros tempos, provocam interrogações sempre maiores na medida em que facilmente se colocam a serviço da morte (MOSER, 2004). De modo semelhante, a Ecologia nasceu a partir da preocupação com as ameaças crescentes sobre o meio ambiente, mas acabou percebendo que, além disso, está em jogo a "casa" (*oikós*) na qual os seres humanos vivem. E isso foi desmembrado na preocupação em relação às pessoas que não percebem o encadeamento de todas as formas de vida. Salvaguardar e aprimorar a casa comum significa salvaguardar e aprimorar a vida de todos os seres vivos. E isto é responsabilidade de todos (BOFF, L. 2010).

1.3 Como situar a Teologia Moral diante da novidade desafiadora?

Propositalmente a pergunta da seção anterior não foi respondida: Como articular a multiplicidade das várias expressões da Ética? Isso porque ninguém tem uma resposta definitiva para ela. O que se pode dizer é que a humanidade vai se defrontando continuamente com novos desafios e sempre buscando resposta para eles. Soma-se a isso o fato de que nos dias atuais, mais do que em ocasiões anteriores, a incerteza é a marca registrada das ciências, incluindo-se a Teologia (PESSINI, et al., 2010; PESSINI & RONALDO, 2011). Diante disso cabe a pergunta: Como situar a Teologia, e mais especificamente a Teologia Moral, em meio a tantos paradigmas e paradoxos? (VIDAL, 1999, 2003). A tentativa de responder de maneira satisfatória a esta pergunta percorrerá o restante das páginas deste livro, seja para não colocar a Teologia como uma espécie de ciência superior, seja para não caracterizar a Ética como palavra meramente filosófica e a Moral como palavra meramente teológica. Ao longo dos próximos capítulos iremos perceber que a caminhada da Teologia Moral nunca foi tão tranquila quanto parece àqueles que ignoram seus meandros. Entretanto, o choque das interpelações é múltiplo e contundente. Sem hesitação podemos dizer que a Teologia Moral nunca se viu tão atemorizada diante de questões tão complexas quanto as atuais, quando nos encontramos literalmente diante de uma explosão de novidades, quase que diárias, desconcertantes, porque são portadoras de muitas promessas e outras tantas interrogações. Basta pensar no que vem ocorrendo na Genética e nas biotecnologias: ao mesmo tempo em que são desvendados os muitos mistérios escondidos no código genético estabelece-se um poder sem limites pela multiplicidade das biotecnologias (ENGELHARDT, 2010: 431-442). E não para nisso: hoje nos encontramos diante de incríveis mudanças de cunho antropológico, a tal ponto que o ser humano vai se parecendo sempre mais com um robô e vice-versa (NICOLELIS, 2011). Basta pensar na transmissão da vida em laboratório, com sua multiplicidade de intervenções, seja em relação aos genes, aos embriões ou aos fetos. O ser humano pode e já está sendo literalmente moldado em quase todos os seus aspectos. Mediante intervenções sempre mais ousadas e com o uso de produtos cada vez mais sofisticados alteram-se não apenas sentimentos e comportamentos, como também até traços biológicos.

Diante destes fatos ora assinalados e de outros tantos pressupostos, ficamos boquiabertos. Tudo mudou radical e rapidamente. Por meio de pronunciamentos solenes ou de discursos teológicos éramos detentores de pretensas respostas para tudo. O fato é que as religiões de modo geral e a católica de modo especial estão perdendo paulatinamente seu protagonismo histórico. Novas místicas e novos protagonistas vão se impondo por meio de expressões religiosas que apregoam tanto soluções milagrosas para tudo como conseguem sacramentar valores bem diferentes dos apregoados pela Igreja Católica.

Mas é bom lembrar que não são unicamente as expressões de cunho estritamente religioso que entram em choque com os valores tidos como fundamentais para a realização pessoal e comunitária. Numa sociedade que paradoxalmente se apresenta como profundamente religiosa e profundamente ateia, as várias ciências passam a ocupar o lugar das religiões. Fazendo uso de mídias poderosas, os mesmos grupos que criticam os dogmas da Igreja criam seus próprios dogmas em nome das ciências. Apregoam: se é científico, é verdadeiro; se não existe comprovação científica, é falso.

A explosão de novidades e a mistificação de setores religiosos ou não acabam por levantar uma questão de fundo, e que normalmente passa despercebida. Embora o quadro apresentado possa ser visto como resultado da injunção de fatores múltiplos, não podem passar ao largo certas coincidências que sugerem uma orquestração com objetivos bem determinados. A primeira dessas coincidências já se encontra numa tônica repetida à saciedade, de que nós vivemos num "Estado laico". A segunda delas é que a "batalha" para libertar a sociedade do obscurantismo religioso vai minando exatamente aqueles valores pessoais e familiares que a Igreja Católica e as demais religiões mais promovem. Mesmo que se deva, a todo custo, fugir de uma espécie de teoria conspiratória, incompatível com uma análise mais serena da complexidade do momento histórico em que vivemos, talvez não seja demais levantar a suspeita de que as muitas coincidências que apontam para uma mesma direção não sejam fortuitas. Cinismo, anarquismo, agnosticismo, materialismo, secularismo, subjetivismo, pragmatismo e tantos outros "ismos" certamente não são palavras originadas de alguns filósofos – ditas esparsamente ao longo da história – que fizeram questão de manifestar sua não conformidade com o pensamento e com as estruturas eclesiais. Como também a teoria da desconstrução – colocada em relevo em tempos mais recentes e que apresenta uma espécie de tábua de valores – não deixa de ser uma hipótese a ser levantada para que se possa fazer uma tentativa de entender o que está ocorrendo. De qualquer forma, aqui se coloca a pergunta decisiva: Estaríamos simplesmente diante da emergência de novos valores – que não se coadunam com aqueles apregoados pela Teologia Moral, mormente a católica – ou nos encontramos diante de uma postura ostensiva de grupos que não apenas negam esses valores, mas se propõem a criar uma outra escala deles? Neste contexto, em que virtudes de outrora são apresentadas como vícios e vícios como virtudes, realmente o papel da Teologia

Moral parece sempre mais acanhado, tendo pouco a dizer para bem poucas pessoas.

Conclusão

Quem contempla o mundo hodierno pode fazer várias leituras, algumas inclusive contrapostas. Há quem sustente que o momento atual é caracterizado pela globalização, que traduz a proximidade dos povos em seus múltiplos aspectos. Também há quem afirme que a proximidade é bastante ilusória, uma vez que hoje, mais do que nunca, saltam aos nossos olhos as diferenças culturais, políticas, sociais, religiosas e, naturalmente, éticas. Até dentro de uma mesma denominação religiosa se percebem diferentes acentos éticos. Entretanto, os vários posicionamentos não precisam forçosamente significar distanciamento e rivalidade; até pelo contrário. Justamente a Ética pode ser uma ponte que interliga os seres humanos, pois sua vocação primeira é ajudar todos a buscarem a fonte comum de todos os valores.

Essa busca comum, no empenho por construir uma casa em que existam muitos cômodos sob o mesmo teto, pode ser facilitada pela Teologia Moral, haja vista que ela tem a nobre missão de desvendar o sentido mais profundo de tudo o que existe e, portanto, também o sentido último da existência humana na Terra. Apesar das resistências por parte de setores que julgam ser possível construir uma nova sociedade sem referenciais comuns, a história mostra que tanto a ascensão como a queda das civilizações estão ligadas justamente à busca pelo sentido último, sem o qual é impossível encontrar uma pauta comum.

As muitas interpelações surgidas sobretudo pelos avanços contínuos das muitas ciências e das muitas tecnologias não se constituem barreira intransponível para a Teologia. Até pelo contrário: ela só encontra seu verdadeiro rosto quando deixa a acomodação para continuamente vislumbrar novos horizontes. É pelo fascínio do que aparece como novo que a Teologia consegue desvelar sempre novos caminhos de realização para as pessoas e sociedades.

2
Onde se encontram as fontes da Teologia Moral?

O mínimo que se pode dizer sobre a palavra Moral é que ela está desmoralizada. Por isso, muitas vezes ela é simplesmente substituída pela palavra Ética ou até mesmo por Bioética. Isso porque, ao longo da história, Moral foi sendo paulatinamente ligada a preconceito, como se ela fosse uma espécie de "voz histérica" ao denunciar desmoralização, imoralidade, permissividade e, no mínimo, amoralidade nos dias atuais. Entretanto, é preciso reconhecer que este e outros "qualificativos" só traduzem um ângulo da realidade. Além da conotação que a aproxima mais do campo da imaturidade sexual do que de outros desequilíbrios humanos, Moral não pode ser confundida com *normas morais* nem, muito menos, com *moralismo*. É preciso buscar outras luzes para dar a ela o lugar que lhe é devido na busca da realização das pessoas e da sociedade. Ora, tais luzes podem ser encontradas à medida que se conjuga Moral com Teologia.

Nessa conjugação, Moral pode ser considerada como aquela ciência que, à luz da revelação e da fé vivida na comunidade eclesial, pretende colaborar no processo de humanização das pessoas e da sociedade. Ademais, como parte da Teologia, ela deve estar estreitamente vinculada à Cristologia, à Exegese, à Eclesiologia, à Dogmática, à Sistemática, à Pastoral e aos demais campos decorrentes da ciência que busca desvelar os mistérios de Deus e iluminar a vida dos seres humanos. Como parte da Teologia, ela se coloca, portanto, em nítida perspectiva de revelação. Não de uma revelação perdida no espaço e no tempo, mas a de Deus em Jesus Cristo, consignada nas Escrituras e integrada na experiência e na vida da comunidade de fé e numa práxis cristã. Por isso se afirma igualmente que Teologia Moral se articula com escatologia, no sentido de alimentar a esperança de uma nova humanidade. Como diz J. Moltmann, "nas questões da vida, da terra e da justiça, os cristãos não sabem mais do que as pessoas secularizadas ou as pessoas de outras religiões, mas os cristãos têm de fazer jus à esperança de Deus e ao ensinamento de Cristo" (MOLTMANN, 2010: 10). Para uma melhor percepção do que seja a Teologia Moral e sua missão, nada melhor do que se perguntar pelos seus fundamentos. Estes se encontram na Palavra de Deus, na figura de Jesus Cristo e na Grande Tradição da Igreja. Aqui não vem ao caso fazer tratados de Cristologia e de Patrística, nem da denominada Grande Tradição. Bastam alguns acenos para recordar aquilo que é específico da Teologia Moral, uma vez que, a rigor, esta remete essencialmente para *Ethos*, ou seja, para a identidade do ser humano.

2.1 Aliança: palavra-chave para entender a Moral à luz do Antigo Testamento

Os muitos estudos efetuados no decorrer das últimas décadas trouxeram novamente à tona parte importante da riqueza contida na Teologia da Aliança, seja mostrando seu contexto e seu conteúdo básico, seja mostrando suas implicações concretas na articulação teológica (MOSER & LEERS, 1987). Tais estudos mostraram o papel dos profetas, desvelando uma dimensão teológica muito rica sobre pecado e conversão. Contudo, todos esses enfoques ficaram restritos praticamente ao projeto religioso e quase de forma personalista. Destarte, permaneceu à sombra o aspecto sociopolítico, intimamente ligado ao religioso. Indiscutivelmente a Aliança se coloca numa perspectiva de salvação; seu caráter eminentemente religioso ofuscou o projeto sociopolítico. Nesta perspectiva, poucos são os acenos encontrados até na denominada Moral em Renovação. Isso é bastante compreensível, uma vez que a grande tônica de décadas passadas era a redescoberta de uma Moral personalista. À medida que o social passou a ser apresentado como chave de leitura também para o plano pessoal, na Teologia da Aliança começam a emergir traços de um projeto sociopolítico, intimamente vinculado ao projeto religioso. São dois polos de um mesmo projeto: a intenção de Deus é criar um povo diferente, incumbido de moldar uma nova sociedade a partir da justiça e do direito. A palavra-chave para a criação dessa sociedade diferente – e que deveria se transformar em fonte de inspiração para as outras sociedades – poderia ser *participação*. Assim, a sociedade será diferente das demais na medida em que for participativa em todos os seus aspectos: religioso, com a participação efetiva dos chefes de família; político-administrativa, com a participação das mulheres e com um conselho dos anciãos etc. Assim são estabelecidos mecanismos capazes de criar uma sociedade na qual todos tenham acesso a todos os bens.

Nestas poucas sinalizações sobre a Aliança já é possível perceber sua importância capital para uma compreensão mais adequada da Teologia Moral. Poderíamos destacar três pontos vitais: 1) A articulação entre o ideal e a vida concreta. 2) A articulação entre o nível pessoal e o social. 3) A articulação entre o plano religioso e o político (MOSER & LEERS, 1987). Quanto ao primeiro ponto é preciso destacar que o ideal nunca pode ser sacrificado, mas também a realidade concreta jamais pode ser esquecida. O dever pelo dever, ou o dever fundamentado de modo extrínseco, parece estar longe de impressionar nossos contemporâneos. Esses estão bem mais inclinados a buscar uma coerência interna e externa que integre a perspectiva da historicidade e que mantenha certa maleabilidade diante dos processos históricos e as circunstâncias que incidem sobre as pessoas. O liberalismo, por sua vez – que acaba conformando o projeto cristão ao "mundo", no sentido joaneu –, pode atrair num primeiro momento, mas se revela incapaz de satisfazer os anseios mais profundos do ser humano. A longo prazo revela-se vazio.

No que diz respeito ao relacionamento pessoal-social, a concepção da Aliança nos assegura que os projetos de Deus não são, em primeiro plano, projetos para pessoas, consideradas de maneira isolada. São projetos para um povo. Mas, por outro lado, à medida que a Moral se restringisse apenas ao social, ela entraria em pane, pois este pressupõe o pessoal. Nenhum projeto histórico pode vingar sem a adesão de pessoas. As melhores estruturas são incapazes de se manter e trazer vida para todos se não receberem a adesão de indivíduos.

No que se refere à articulação entre o plano religioso e o político, a Moral inspirada na Aliança mostra que é preciso superar dois riscos: 1) O do neoclericalismo. 2) O do messianismo intra-histórico. As correntes secularizantes pretendem construir uma sociedade nova sem Deus; já as correntes sacralizantes sonham com uma sociedade teocrática.

Neste aspecto a Moral da Aliança faz entrever que os deuses são incapazes de originar uma sociedade que seja ao mesmo tempo divina e humana. Ora puxam demais para o céu, ora demais para a terra. Mas o Deus de Israel é um Deus que transcende o histórico e ao mesmo tempo se faz atuante nele; nem dicotomia nem mixagem.

A superação do impasse se dá numa articulação tensa na qual são mantidas as autonomias do religioso e do político, e na qual ambos se fecundam mutuamente.

O religioso oferece a mística; o político, a concretude. Finalmente, a articulação entre o planos religioso e político pode ser vista na própria concepção basal da Moral da Aliança. Quando vista em seu conjunto, ela faz emergir uma espécie de paralelo entre a moral dos egípcios (e povos vizinhos) e a Moral do deserto. A moral veiculada pelos povos que manipulam a religião em favor de uma estrutura sociopolítica de dominação pode parecer coerente à primeira vista: apresenta leis, normas, valores, justificações; chega até mesmo a formar uma "consciência moral". Contudo, quando confrontada com a Moral do deserto, inspirada nas Dez Palavras, revela-se naquilo que mais a caracteriza: uma moral de e a serviço da dominação. Enquanto isso, a Moral do deserto também revela sua identidade profunda: Moral da libertação plena, em seu sentido religioso e político; Moral que está a serviço do crescimento das pessoas e da sociedade.

2.2 Jesus Cristo: fonte e norma, primeira e última, da Moral

A Teologia Moral se pretende normativa (BOLDA DA SILVA, 2005: 30ss.; MOSER & LEERS, 1987). Não apenas descreve comportamentos humanos, como também aponta para um ideal a ser perseguido, e que também é sua força inspiradora. Esse ideal é encarnado por Jesus Cristo, um Deus diferente, que se faz fraco e nos fortalece, na medida em que nos leva ao mesmo tempo à humanização e à divinização (CASTILHO, 2010: 25-35). Como os Santos Padres diziam, Cristo é a norma suprema para o comportamento cristão (DELHAYE, 1971b: 623-637), pois Ele, a revelação plena do Pai, também é, ao mesmo tempo, a revelação plena do humano (*Gaudium et Spes*, n. 22). Assim, ideal humano e cristão se conjugam com a humanidade e a divindade. Tal conjugação torna o agir moral igualmente tenso e sereno, como tenso e sereno foi o agir do próprio Cristo. Não só por suas palavras, mas também por suas práticas o Mestre revela o caminho para a casa do Pai, e por isso também o caminho para a casa do homem. Ele encarna, destarte, o sentido profundo do *Ethos*: casa do Pai e casa do ser humano. Com os braços estendidos ao mesmo tempo para o céu e para a terra, para si próprio e para os outros, o ser humano entrevê, pela fé, um Reino que "já está no meio de nós", mas que também, ao mesmo tempo, aguarda sua plenificação.

Além de pronunciar a palavra Reino 123 vezes, Jesus se refere a ele com frequência e das mais diversas formas, fazendo dele como que o centro do seu agir e do seu falar. Acontece que suas referências ao Reino não se caracterizam como definição. Por isso mesmo elas dão lugar a interpretações diversas: acentuando o sentido escatológico e espiritual do Reino, o seu sentido político-social, o "já" ou o "ainda não". Todos esses acentos têm sua razão de ser, pois isso depende de como cada um deles vem relacionado aos outros. O importante é deixar claro que o Reino de Deus não pode ser fragmentado, pois abarca tudo: cosmos, homem, sociedade... A totalidade da realidade é que foi, é e será transformada por Deus. O Reino de Deus indica um novo modo de ser e de se relacionar. Isso, antes de mais nada, em direção a Deus e a seus projetos. O Reino só é acolhido por aqueles que se abrem para a direção do Pai e dos seus projetos históricos; o Reino só é acolhido por aqueles que simultaneamente se abrem na direção dos irmãos e os consideram como tais na perspectiva do Pai comum; o Reino só é acolhido por aqueles que se relacionam com as demais criaturas como sendo irmãs. Disso tudo se depreende o alcance ao mesmo tempo teológico, sociopolítico e até cósmico da palavra Reino. Cristo anuncia e quer estabelecer um novo tipo de relação global.

As palavras e práticas do Mestre se centralizam no Amor, que é a palavra-chave do novo e primordial mandamento, e que faz entender o sentido profundo de todos os outros. Ele está na origem dos demais. Nada mais tranquilo para o cristão do que aceitar que o amor a Deus e ao próximo constituem o mandamento máximo. Já enunciado pelo Levítico (19,18) e retomado por Cristo como o novo e o grande mandamento, o amor ao próximo deveria estar acima de discussões. Entretanto, não é o que se passa. Aceita-se o mandamento em sua forma genérica, mas aprofundam-se as divergências sobre o amor concreto. Podemos fazer algumas distinções sobre as várias faces do amor concreto e ao mesmo tempo suas dificuldades crescentes: 1) Amor nas relações curtas. 2) Amor entre o eu e o tu. 3) Amor nas relações longas, entre as diferentes configurações do humano, que envolvem estruturas construídas sobre fatores múltiplos. 4) Amor no contexto das tensões sociopolíticas. É aqui que emergem as maiores dificuldades. Embora o Reino aponte para a reconciliação, e uma reconciliação total (SOBRINO, 1983: 138), essa não pode ser concretizada sem estremecimentos. A ética que Jesus apresenta é no mínimo desconcertante (CASTILHO, 2010: 15ss.), com interesses e expectativas contrários. Por exemplo: querendo implantar uma "nova ordem", Jesus teve de se confrontar com a "antiga". Da mesma forma, aqueles que se abrirem ao "novo" deverão contar com resistências do "antigo". É nesse contexto que se entendem estas passagens: "Vim trazer a divisão" (Lc 12,51-52); "O Reino sofre violência" (Mt 11,12). Também é nesse contexto que se entende que o próprio Cristo pagou pelo que viveu e pregou. Por isso mesmo, todos que quiserem segui-lo deverão estar preparados para enfrentar toda sorte de dificuldades e até perseguições, à maneira do Mestre. Portanto, ainda que a tônica da Teologia Moral não possa ser diferente daquela do Reino, ou seja, a tônica da Boa Notícia, ela nunca poderá perder de vista as exigências do seguimento de Jesus Cristo, em cujo caminho, junto com a ressurreição, encontram-se a cruz e até a morte.

2.3 Grande Tradição: marco do vigor da práxis cristã

Não foi fácil nem para os apóstolos nem para os primeiros cristãos compreenderem inicialmente quem foi Jesus, o que Ele pregou e o que Ele realizou. Ou seja, houve dificuldade em descobrir o "caminho" do Mestre em termos de posturas e comportamentos. Um primeiro Concílio, em Jerusalém, no ano 50 de nossa era já mostrava as dificuldades concretas. O mesmo acontece nas tensões que se estabeleceram entre a igreja petrina e a igreja paulina. E, no entanto, em meio a não poucos debates e até confrontos, aos poucos foram sendo traçados os marcos para o seguimento de Jesus Cristo. Esses marcos são encontrados, antes de mais nada, nos teólogos dos primeiros séculos, que mostraram haver compreendido que a prática cristã não pode se desvincular do que é professado pela fé. Sinalizar algumas linhas-força dos Padres da Igreja desvela ainda mais os fundamentos da Teologia Moral. Os Padres da Igreja, além de serem bastante numerosos, ao longo de sete séculos de história, apresentam tônicas bastante diferentes. Basta pensar na distinção que pode e deve ser feita entre os Padres do Oriente e os Padres do Ocidente. Eles não apenas representavam como que dois mundos que buscam a fidelidade ao mesmo Cristo e à sua Igreja como também representavam duas culturas, duas maneiras de elaborar o pensamento teológico. Assim, enquanto os Padres do Ocidente tendiam mais a conjugar razão e fé, os do Oriente abriam mais espaço para a espiritualidade e a mística. Tudo isso se refletirá na concepção moral dos Padres da Igreja. Por isso é preciso muito cuidado ao tentar caracterizar sua concepção moral, que, de antemão, apresenta tônicas diferentes. No entanto, nessa diversidade podem ser notadas algumas linhas comuns: 1) A importância da Escritura. 2) A originalidade da Moral cristã face a outras concepções morais. 3) O influxo do Espírito Santo na busca do caminho certo (MOSER & LEERS, 1987).

Os Padres da Igreja não apresentam propriamente tratados de Moral; a rigor, nem mesmo a *Moralia in Job* do Papa Gregório Magno pode ser considerada obra do gênero. Eles sempre partem da Palavra de Deus, centrada em Jesus Cristo, de tal forma que se torna quase impossível distinguir neles os vários ramos da Teologia. Exegese, Cristologia, Dogmática, Moral e outros desdobramentos que atualmente conhecemos na Teologia simplesmente não aparecem em seus escritos. Eles se preocupavam em anunciar a Boa-nova, que levava os leitores e ouvintes a tirarem conclusões sobre o que significa vida cristã e o seguimento de Jesus Cristo. O ponto de partida dessa Boa-nova encontrava na filiação divina uma linha de força. Quem tomava consciência dessa filiação descobria onde se encontra "o homem velho" e qual o caminho para se revestir do "homem novo". Descobriam igualmente onde se localizavam as trevas e onde se encontrava a luz. Portanto, foram os comentários aos textos da Sagrada Escritura que propiciaram o aparecimento progressivo de uma configuração da moral cristã. Entretanto, na exata medida em que foi sendo esboçado esse novo rosto não foi possível deixar de confrontá-lo com as propostas do mundo pagão ou até mesmo com as várias correntes éticas existentes antes da Ética Cristã. E aqui se percebe a habilidade para preservar uma herança preciosa e ao mesmo tempo assimilar elementos encontrados em correntes éticas precedentes ou simultâneas. A compreensão de que "Cristo ilumina todo ser humano que vem a este mundo" levou os Santos Padres a perceberem a presença das "sementes do Verbo" espalhadas por toda parte. É isto que pode ser caracterizado como "criatividade evangélica" (CNBB, 2009: 28), traço marcante não só dos Santos Padres, mas de todos os grandes teólogos ao longo dos tempos. Nessa altura é que se percebe outra tônica da concepção moral dos Padres da Igreja: a atuação do Espírito Santo, "que sopra onde e como quer e não faz distinção de pessoas". O episódio de São Pedro na casa de Cornélio é um dos exemplos mais ilustrativos deste particular: "[...] Deus não faz distinção de pessoas, mas lhe é agradável quem, em qualquer nação, temê-lo e praticar a justiça" (At 10,34-35). E ninguém pode negar que "[...] Deus mostrou que nenhum homem deve ser considerado profano ou impuro" (At 10,28).

Conclusão

Uma das características marcantes de nossos dias é a insegurança, também quanto aos caminhos a seguir para a realização dos sonhos. Esse sentimento tanto pode vir acompanhado de uma marca positiva quanto de uma negativa. Ela é positiva quando nos empurra para a ousada busca do que é novo; é negativa quando há ausência de desvelamento do novo com base em experiências anteriores. Uma das grandes ilusões consiste em considerar que foi muito pobre de intuições e ideias, e por isso mesmo de realizações. No entanto, um olhar mais atento e sereno sobre as civilizações passadas e os valores que as sustentaram nos faz perceber que os seres humanos, por serem inteligentes, sempre encontraram saídas para os seus desafios.

Isso também é verdadeiro no que concerne à Teologia. Ilusoriamente é comum pensar que somente se dá um passo adiante quando se despreza ocorrências do passado. Mas isso não é sensato, pois ao vasculharmos esse período mais detidamente podemos perceber que dele sempre há algo a ser resgatado, que podemos tirar desse baú "coisas novas e velhas". Assim, ao nos depararmos, por exemplo, com as categorias religiosas Aliança e Reino de Deus, não podemos deixar de ficar surpresos com a riqueza lá contida. Essas categorias armazenam uma riqueza há muito esquecida, mas que efetivamente rasgaram e continuam rasgando horizontes de revigoramento pessoal e social. E foi exatamente isso que se constatou continuamente nos períodos áureos, seja do ponto de vista religioso e cultural, seja do ponto de vista sociopolítico. A Grande Tradição mostra que em termos teológicos vale o "princípio da reciclagem": nada pode ser jogado fora, embora tudo deva ser transformado diante dos novos e constantes desafios.

3
Do passado ao presente: uma trajetória longa e acidentada

A busca por um novo rosto para a Teologia Moral não é recente. Como vimos, os Padres da Igreja sempre tentaram esboçar esse rosto durante séculos, sendo que continuamente sentiram a tensão entre o abrir-se aos influxos do Espírito e dos sinais dos tempos e manter a fidelidade às fontes primeiras, na Palavra de Deus e em Jesus Cristo. Esse "posicionamento de pêndulo" é marca registrada de todas as ciências, e, no caso, da Teologia, em seus vários desdobramentos. O que caracteriza qualquer ciência não é a certeza de suas conclusões, mas a busca contínua de uma verdade sempre maior do que a capacidade humana para captá-la. É assim que se entende a existência de períodos de maior fecundidade e de maior esterilidade, também no campo da Moral. Mas a sinalização de tais períodos, mesmo comportando o risco de simplificações, torna-se indispensável para se chegar à compreensão do hoje, com suas conquistas e interrogações.

O percurso histórico que cobre o período dos Santos Padres até meados do século XX não é somente longo, mas também cheio de nuanças. Ousar fazer esse caminho de maneira detalhada seria uma temeridade e pouco iria contribuir para a realização de nosso objetivo, ou seja: iluminar de maneira sintética a atualidade e projetar alguma luz para um futuro já previsível. Para isso é suficiente destacar três marcos fundamentais: 1) A decadência, que se segue à reflexão patrística. 2) A alternância entre momentos de estabilidade e criatividade. 3) Aquilo que, ao caracterizar a força e as fraquezas dos manuais neoescolásticos, abre caminho para passos mais decisivos, que vão aparecer a partir de meados do século XX, mais exatamente no clima do Concílio Vaticano II.

3.1 Na origem dos manuais se encontram os *Penitenciais*

Em qualquer ciência os avanços e recuos só podem ser devidamente avaliados e compreendidos em seu contexto histórico que, evidentemente, não deve ser confundido com período cronológico. Ele traz marcas múltiplas: culturais, sociais, econômicas, políticas, religiosas... Ademais, um novo contexto histórico normalmente não aparece de maneira abrupta, mas é continuamente preparado. É justamente isto que deve ser levado em conta quando se fala em "decadência" nos *Penitenciais*: livros que serviram de guia para confessores e fiéis, adquirindo forma concreta no século VI e mantendo-se como apoio pastoral até o século XI. Eles são a típica expressão de uma "cadência" vigente não apenas no que se refere à Teologia em geral e à Moral em particular, mas também de uma sociedade na qual progressivamente se deram profundas transformações em todos os seus campos. O desmoronamento do Império Romano e a emergência dos povos nórdicos, indevidamente denominados "bárbaros", significou um novo momento histórico – com tudo o que isto implica e em todos os campos – no que restava do antigo Império Romano.

Este novo momento histórico pode ser caracterizado por duas facetas só aparentemente opostas: 1) Grande vazio. 2) Nova configuração, na qual certamente não se faziam presentes apenas destroços, mas também novas maneiras de ser e de pensar. Tais destroços não apontam tanto para a ação da tão denunciada obra deletéria dos povos emergentes, mas para a decadência moral dos que em outras eras construíram um grande império. O vazio, por sua vez, aponta para a incapacidade dos remanescentes do antigo império de assimilarem o novo. Essa dupla realidade – decadência de um lado e vazio de outro – explica o surgimento dos *Penitenciais*. Na prática, junto com um quadro moral decadente havia um quadro intelectual ainda mais decadente. O analfabetismo não reinava apenas entre os que chegavam, mas também entre os nativos; não só entre os leigos, como também entre os clérigos. Com honrosa exceção de mosteiros e de algumas iniciativas esparsas para conservar um patrimônio e construir uma nova realidade, só restava a possibilidade de uma ação emergencial, consignada em livros que levaram o nome de *Penitenciais*.

A razão de ser e o conteúdo dessas obras são explicitados em seu próprio nome. Eram ponto de apoio para os eclesiásticos no serviço de evangelização e da administração dos sacramentos, sobretudo o da Penitência. Sua estrutura era muito simples: além dos mandamentos e rudimentos doutrinários, ali se encontrava uma espécie de catálogo de pecados, com as respectivas penitências. Notoriamente, em tal ambiência a compreensão de pecado se resumia em atos, e, consequentemente, a penitência não poderia ser diferente. Tratava-se de "pagar", por meio de ações, determinada ofensa feita a Deus: jejuns, flexões, autoflagelação e, com o tempo, peregrinações a lugares considerados santos. Uma das características da época dos *Penitenciais* é que, ao contrário do que ocorria na Igreja nascente, a confissão individual do pecado era imediatamente seguida de absolvição.

3.2 A luta entre a criatividade e a estabilidade

A partir do século XI começa a se esboçar uma ampla mudança progressiva da vida de então. O surgimento de novas técnicas agrícolas; o desenvolvimento das cidades, com artesanatos, corporações...; o enriquecimento da burguesia; o comércio interno e internacional... vão delineando o que se configurou nos séculos XII e XIII. Nesse contexto de Renascimento, com movimentos religiosos múltiplos e significativos que buscavam resgatar o sentido de vida no Evangelho, surgem as primeiras escolas monásticas e as universidades. Porém, o que se destaca é a força da Filosofia e da Teologia no mundo universitário, com a presença pioneira de franciscanos e dominicanos. Em universidades como Oxford e Paris resgata-se o que havia de melhor do conhecimento do mundo greco-romano, com o aprofundamento em pesquisas nas diversas ciências. Filosofia e Teologia não eram meros apêndices, mas motores do pensamento universitário. A Escolástica, em suas várias fases, falava por si mesma; fé e razão se articulavam e se fecundavam mutuamente. Entre os franciscanos destacaram-se Occam, Bacon, Duns Scotus e São Boaventura; entre os dominicanos, naturalmente, Santo Alberto Magno e Santo Tomás de Aquino.

A grande figura do renascimento da Teologia Moral foi Santo Tomás de Aquino, com sua *Summa Theologica*. Ela se divide em três partes: 1) *Exitus*: tudo procede de Deus Criador. 2) *Reditus*: tudo deve retornar a Deus, mas também com o empenho do ser humano. 3) A mediação de Jesus Cristo: tudo retorna a Deus por meio de Jesus Cristo. A parte assumida como sendo de Teologia Moral é a segunda. Mas é preciso observar que ela está enquadrada numa Teologia da Criação e da Redenção. Com isso, praticamente pela primeira vez a Moral é enfocada como Teologia. Só nos Padres da Igreja encontramos enquadramento semelhante, porém menos explícito. Essa renovação tomista, contudo, não foi suficientemente absorvida na prática. Além de seus discípulos haverem esquecido a organicidade da concepção de Tomás, o que passou a dominar entre o clero e o povo foi o nominalismo, que acentuava o plano concreto, individual; os atos, e não as atitudes; em termos de Moral sugere que as normas são arbitrariamente impostas por Deus, e não são decorrentes de um projeto salvífico global. Aqui se encontra a raiz do legalismo e do casuísmo.

Passado o tempo da criatividade, a Alta Escolástica cedeu lugar à Baixa Escolástica, e esta, por sua vez, caminhou para o retrocesso, com a imposição de uma concepção fechada, na esperança de garantir estabilidade doutrinária e moral. Assim, obras volumosas e pouco acessíveis, as *Sumas Teológicas*, foram impostas nas universidades, enquanto que, para o povo, julgou-se conveniente apresentar normas claras e práticas, do que pode e do que não pode ser feito. O Concílio de Trento, representando o grande esforço para conter a chamada Reforma Luterana e reestruturar a Igreja, promoveu o aparecimento das *Institutiones Sacrae Theologiae Moralis* (1600). Elaboradas com o rigor jesuítico de Azor, abriram privilegiado espaço para a lei, deixando à sombra a Sagrada Escritura e a consciência individual. Ainda que nos séculos XVI e XVII, diante das descobertas do Novo Mundo, tenham surgido grandes teólogos da Moral, sobretudo dominicanos e jesuítas que se destacaram na Escola de Salamanca, os avanços genuinamente teológicos foram pífios. No século XVII e no início do XVIII, uma verdadeira guerra de "esquemas" e "escolas" classificadas como tucioristas, probabilistas, laxistas, rigoristas e equiprobabilistas levou tanto à perda do vigor da Alta Escolástica quanto à oportunidade de se abrir para os desafios provindos do Novo Mundo, com tudo o que isto poderia significar. Isso foi alterado em meados do século XVIII, com Santo Afonso Maria de Ligório, quando a Teologia Moral ganhou mais credibilidade, tendo o grande mérito de conjugar lei e liberdade, ideal e realidade.

3.3 Força e fraqueza dos manuais neoescolásticos

Os manuais neoescolásticos historicamente se situam entre os séculos XVIII e primeira metade do século XX, tendo suas raízes implantadas bem antes, mas ainda projetam sua mentalidade até os nossos dias. Transportados diretamente das metrópoles para as colônias, eles apresentavam uma Teologia basicamente afinada ao projeto colonial, e sua estrutura foi difundida tanto nos seminários quanto na mentalidade dos fiéis. Daí a importância de vermos mais de perto seu esquema; ainda mais que eles se fizeram presente na Teologia Moral praticamente até os albores do Vaticano II; quando não, até mais recentemente ainda. Para sermos objetivos, ao lado das ressalvas também devemos destacar seus valores, que marcaram gerações do passado e, por vezes, de modo um tanto encoberto, ainda continuam na mente de não poucas pessoas. Procedendo didaticamente, dizemos que a Teologia Moral se apresenta com três fisionomias diferentes, sem que forçosamente uma anule a outra: 1) Ressalta o objeto: O que você faz? 2) Ressalta a pessoa: Quem você é? 3) Ressalta a sociedade: De que lado você se coloca? Já aqueles manuais destacavam o objeto, e não a pessoa; muito menos ainda a sociedade.

1) Valores inegáveis

Entre os valores perseguidos pelos manuais podemos enumerar: 1) A busca do que é universal. 2) A busca do que é perene. 3) A importância do agir. 4) A importância do indivíduo. 5) A necessidade de leis. A busca de coordenadas de caráter universal que abrangem todas as realidades, justamente em nosso mundo plural, torna-se mais premente do que nunca (KÜNG, 1997). Aqui aparece a "lei natural" como referência obrigatória (Congresso Internacional). *A busca do perene* é outra preocupação constante desses manuais e que, com razão, continua se mostrando importante até os nossos dias, quando tudo se mostra extremamente volátil. A Revelação, os mandamentos e a lei natural continuam sendo referenciais obrigatórios. Também continua indispensável ressaltar a importância do agir, e não apenas analisar as intenções de quem age. Hoje, quando acentuamos a importância das pessoas na sociedade, torna-se um tanto estranho dizer que também o plano individual tem valor. No entanto, esquecendo o indivíduo esquecemos também a pessoa e sua responsabilidade pessoal. Da mesma forma, por mais que se deva rejeitar o legalismo, não se pode negligenciar o aspecto pedagógico da lei, desde que esta seja expressão dos valores humanos e evangélicos.

2) Fraquezas

A mesma objetividade que nos leva a reconhecer valores nos manuais neoescolásticos nos obriga a apontar suas fraquezas. No fundo, os aspectos questionáveis são praticamente os mesmos apontados como valores, pois é possível conjugar força e fraqueza num mesmo esquema. A exacerbação de uma força pode se transformar em arma perigosa. Os questionamentos não visam diretamente aos manuais, frutos do seu tempo, mas a uma mentalidade que persiste até hoje. É nesse sentido que assinalamos: 1) Uma Moral segura, mas nem sempre crítica. 2) Uma Moral marcada pelo pessimismo. 3) Uma Moral legalista. 4) Uma Moral privatista. A segurança transmitida pelos manuais lhes advinha de uma auréola de sacralidade que os cercava. É bom lembrar que o primeiro manual, aparecido em 1600, trazia no próprio título as marcas da sacralidade: *Institutiones Sacrae Theologiae Moralis*. Ora, aquilo que é considerado sagrado é colocado acima das discussões, e as consequências em nível social, eclesial e mesmo pessoal são evidentes: as instituições não se renovam, pois não permitem questionamento. A sacralização da Moral resultou de uma visão cosmológica naturalista. O pessimismo resulta de uma visão antropológica dualista, alimentando a negatividade do ser humano e do mundo; daí os incentivos à fuga do mundo. O ser humano, embora seja portador das marcas divinas, parece carregar o peso da materialidade; daí a negatividade com a qual são abordados o corpo e a sexualidade. A obsessão pelos pecados sexuais não é tão inocente como pode parecer; ela exerce função ideológica importante no sentido de mascarar outros problemas mais vitais. O ensimesmamento bloqueia a preocupação com os problemas do "mundo" e reduz toda a problemática humana a questões que favoreçam um determinado modo de considerar e organizar a sociedade. Já no que se refere à condenação do legalismo, ninguém foi mais incisivo do que Cristo. Tendo como pano de fundo a visão sacral do mundo e o dualismo antropológico, embora disfarçado, os manuais foram escritos sob o império da lei. O esquecimento da Aliança – moldura natural da lei divina – e a quase equiparação das leis humanas à lei divina, fizeram um valor se transformar em possível contravalor. Por vezes, simples leis eclesiásticas, litúrgicas e até civis ganham força quase divina. A partir do casuísmo o legalismo foi potencializado pelo caráter impositivo das normas abstratas. Na avaliação dos problemas permaneceram à sombra coordenadas que afetaram profundamente os comportamentos humanos e seu significado: fatores pessoais, socioculturais, econômicos, políticos, ideológicos, religiosos... Apesar da existência de um tratado de Moral Social, o individualismo privatista perpassou toda a Moral, sendo cultivado de modo todo especial em termos de pecado e de conversão.

Tudo se passa na intimidade dos corações; tanto as rupturas quanto as conversões são vividas em perspectiva individualista. Porém, uma coisa é exclusivizar o social, outra é ignorá-lo. Ambos os extremos se constituem verdadeiramente em falhas graves para um esquema de Moral. Como se percebe, os pontos questionáveis da Moral dos manuais não provêm de suas intuições, que podem ser verdadeiras; mas, antes, de concepções e práticas que ofuscam os traços da Boa-nova, deixando aparecer mais os aspectos ameaçadores. A dureza dessa crítica merece duas ressalvas, em parte já assinaladas: 1) Sobre o contexto histórico. 2) Sobre o bom-senso. Não eram os manuais que estavam errados. Mas estão errados os que simplesmente continuam ignorando dados das ciências do homem, dados das ciências do social, e mesmo dados teológicos que vieram enriquecer a perspectiva moral dos nossos dias. Felizmente, os verdadeiros pastores sempre tiveram bom-senso, não se deixando levar por nenhum dos vícios apontados, mas pela inspiração do Evangelho.

Conclusão

Vivemos num período em que o acúmulo de novas descobertas leva à sensação de que tudo é aceleradamente transitório. O que se passa no campo da informática é apenas uma amostra daquilo que também ocorre nos demais veículos de comunicação e no mundo das ideias. A sensação de que todas as coisas são relativas é decorrência lógica desta constatação: um simples toque no teclado muda o que parecia definitivamente implantado na tela do computador. A velocidade em que novas ideias são comunicadas promove a sensação de que pouco se refletia no passado e de que a história pouco nos ensina. Basta acessar, por exemplo, um site de busca para alcançar em poucos segundos o que se esperava.

Se é verdade que a leitura histórica da Teologia Moral nem sempre é muito agradável, é igualmente verdadeiro que ela é portadora de coordenadas que não podem ser desprezadas. A primeira delas é de que a vida humana sempre se concretizou e continua se concretizando entre altos e baixos, entre períodos de letargia cansativa e de grande criatividade, sendo que a letargia aponta para a acomodação e a criatividade para a inquietação. Uma segunda coordenada é a de que os avanços e recuos não acontecem em campo isolado. Assim, os avanços nos campos da economia, da política e da cultura são indissociáveis dos avanços nos campos das ideias e dos valores fundamentais que caracterizam o verdadeiro desenvolvimento.

4
A Teologia Moral sob a inspiração do Vaticano II: sinais dos tempos

A proclamação da abertura do Concílio Vaticano II, feita pelo então Papa João XXIII no Natal de 1961, provocou reações diferentes e contrastantes. Para uns, aquele anúncio era algo inesperado e até desnecessário – quando não, inútil –, uma vez que tudo estava em ordem dentro dos muros da Igreja. Para outros significava a proclamação daquilo que de maneira informal já estava em andamento: uma Igreja que buscava se posicionar melhor diante de um mundo profundamente transformado. Desde seu início até sua conclusão em 8 de dezembro de 1965, as sessões do Concílio, com a participação de aproximadamente 2.000 bispos do mundo inteiro, nem sempre foram tranquilas. Os diferentes posicionamentos teológicos e pastorais, preparados por expressiva assessoria dos melhores teólogos, traziam para os plenários o que ocorria, no mínimo há uma década, nos bastidores: a tensão entre os que percebiam a necessidade de mudanças profundas para que a Igreja pudesse exercer melhor sua missão e os que se aferravam a posições que já não correspondiam às interpelações do tempo.

De uma forma ou de outra o Concílio foi a oportunidade para se repensar práticas pastorais, juntamente com o repensamento dos vários ramos da Teologia. Por razões não muito claras, a disciplina menos contemplada foi a Teologia Moral. Excetuando-se o célebre n. 16 da *Optatam Totius*, que pede uma Teologia Moral mais inspirada na Sagrada Escritura, mais cristocêntrica e que favoreça o aparecimento de frutos para a vida do mundo, explicitamente nada mais foi dito sobre a Moral. Entretanto, talvez isto tenha sido um benefício, pois o esquema rejeitado pelos Padres Conciliares não poderia ser substituído a tempo por outro, e com isso os teólogos foram forçados a buscar linhas de renovação mais no espírito do que na letra. Os pontos anteriormente sinalizados se constituíram balizamentos de um caminho a ser percorrido. Já não nos encontrávamos diante de esquemas prontos, mas de linhas de força subjacentes que deveriam ser desveladas. Entre elas podem ser apontadas ao menos duas, intimamente unidas: 1) A inspiração na Palavra de Deus. 2) A substituição do tom negativo, estéril e ameaçador por um tom marcado por um otimismo realista, que abre caminho para práticas geradoras de vida melhor para todos. Isso vem delineado por dois projetos básicos e complementares: 1) A Moral em Renovação. 2) A Moral da Libertação.

4.1 Moral Renovada ou em Renovação?

Para se entender melhor a estrutura e o desdobramento do Concílio Vaticano II é necessário ter presente as mudanças "rápidas e profundas" (*Gaudium et Spes*, 4) que passaram a caracterizar o mundo sobretudo na década de 1950. Mudanças estruturais, em todas as esferas, foram se acentuando com rapidez crescente no pós-guerra. Apesar, ou talvez justamente por causa dos dois polos políticos e econômicos estabelecidos (capitalismo e socialismo), assistia-se a uma corrida desenfreada em todos os campos do saber e do poder. E nessa corrida surgiram descobertas com tecnologias sempre mais sofisticadas, dando uma nova fisionomia ao mundo. Ainda que se faça distinção entre Primeiro, Segundo e Terceiro mundos, todos eles, com maior ou menor intensidade, sofreram as consequências dessa mudança repentina. A globalização foi se tornando muito mais do que mera palavra, e apesar das distâncias ideológicas, econômicas e sociais, o mundo passou a se tornar bastante diferente daquele de algumas poucas décadas anteriores. Obviamente, isso também teve consequências na Teologia.

1) Abrem-se novos horizontes
Pesquisas sempre mais aprofundadas passaram a emergir em todas as áreas do saber teológico. Concomitantemente aos avanços das teologias Bíblica e Litúrgica, nitidamente marcadas pela volta às fontes, a Teologia Moral percebeu que a manualística já não correspondia

às aspirações dos cristãos e muito menos dos não cristãos. Sailer, Hirscher e Tillmann foram nomes de destaque nessas buscas. Tillmann, por exemplo, chegou a estruturar um manual baseado no "vem e segue-me". Já o cristocentrismo foi a característica de Bernhard Häring, autor de 25 livros. Dentre eles merece destaque *A lei de Cristo* (1964), promotor de uma verdadeira virada na Teologia Moral. Em três grossos volumes, essa obra abriu novos horizontes em relação à Sagrada Escritura, ao cristocentrismo e à preocupação com os "frutos" para a vida, muito mais do que com estéreis discussões casuísticas.

Em todos esses teólogos foi se manifestando uma nova consciência que modificou profundamente a compreensão do ser humano no mundo: a *historicidade*. O princípio da historicidade não parte do pressuposto de que é preciso descartar tudo o que nos precedeu. Até pelo contrário: valoriza todas as conquistas, mas com um prisma dinâmico, no qual o *esse*, o que permanece, só pode ser devidamente entendido se conjugado com o *fieri*, o que vai sendo modificado.

2) Sob o impulso da historicidade

O princípio da historicidade possibilitou avanços sem a perda da fidelidade ao núcleo da fé e dos bons costumes. Nesse princípio se percebeu que Jesus instaurou uma verdadeira revolução, não descartando a lei e os profetas, mas justamente resgatando seu sentido mais profundo. Ao contrário dos grupos religiosos, especialistas em multiplicar leis e sempre sobrecarregar o povo com novos preceitos, Jesus apresentou os mandamentos com uma tônica diferente: a boa notícia de quem anuncia uma nova maneira de ser e de viver. É a Boa-nova do Reino, que convoca todos para, alegremente, seguirem o caminho da realização humana, sem ilusões, mas também sem sentirem o enfado das obrigações. Trata-se de uma tônica diferente, na qual, para ser fiel a Deus, não é preciso renunciar à felicidade, mas apenas às suas ilusões. As bem-aventuranças são uma expressão muito clara dessa conjugação entre o renunciar e o ser feliz. A fidelidade ao seguimento de Cristo não esconde a cruz, mas também não se contrapõe à alegria de haver descoberto o Caminho, a Verdade e a Vida.

Esta fidelidade promove a emergência de uma nova pedagogia, a do encantamento. Por meio do encantamento pela pessoa de Jesus e pela causa do Reino, a superação do pecado vai acontecendo de maneira progressiva; nela o mundo das trevas vai dando lugar ao mundo da luz. E com isso, as práticas dos que se deixam encantar por Cristo e pelo Reino não são confundidas com um ritualismo estéril. O encantamento leva a assumir concretamente o amor a Deus e ao próximo, empenhando-se em favor da vida em todas as suas fases e manifestações. Nessa perspectiva, até mesmo o pecado e a graça assumem outra fisionomia: a do humano que se abre ao divino. E nessa abertura torna-se claro de que nada há de mais divino do que abraçar o que é verdadeiramente humano. À luz do mistério da encarnação cessam os dualismos e em seu lugar surge uma comunhão sempre mais profunda e frutuosa.

3) Projeto nunca acabado

Com esses pressupostos é possível perceber ao menos dois fatos. O primeiro deles diz respeito à dinamicidade da Teologia Moral, que não é pautada por conquista definitiva. Ela se apresenta mais como a sinalização de um caminho que sempre deve ser recomeçado e que nunca pode ser considerado como finalizado. Por isso mesmo parece bem mais acertado falar em "Moral em Renovação" do que em "Moral Renovada". O segundo diz respeito às inegáveis conquistas dessa teologia, que abandona as fraquezas dos manuais neoescolásticos e se abre para novos caminhos, mas ao mesmo tempo também observa suas carências. Isso ocorreu justamente quando, sob a inspiração do Vaticano II, começou-se a esboçar uma nova fisionomia de Igreja e de Teologia, marcada por um palavra-chave: libertação.

4.2 Libertação: palavra que traduz esperanças e gera temores

O retorno dos bispos conciliares às suas dioceses trouxe novos horizontes. Em suas bagagens havia muito mais do que aquilo que fora amplamente divulgado pela imprensa e do que os documentos que assinaram. Eles carregavam grandes inquietações. Para uns, elas se referiam à maneira de frear o que lhes parecia ser uma interpretação indevida dos textos gerados no Concílio. Para outros, as inquietações eram bem mais positivas: como proceder para que suas igrejas tivessem coragem de assimilar tantas boas-novas? Conferências episcopais recém-organizadas logo trataram de se articular para que os textos conciliares não permanecessem letra morta. E assim, três anos após o encerramento do Concílio, aconteceu em Medellín, na Colômbia, em 1968, a notável Conferência dos Bispos Latino-americanos. Um decênio depois, a conferência realizada em Puebla não só dava continuidade, mas representava significativos avanços na compreensão da missão evangelizadora da Igreja. Sobretudo com essas duas conferências o Concílio Vaticano II foi trazido para a América Latina, mas baseando-se em sua realidade, marcada por todo tipo de injustiças, desigualdades e violências. Ambas as conferências deram um passo além; fazendo uma leitura crítica da realidade, buscaram iluminar teologicamente a ação evangelizadora concreta da Igreja. O grande desafio foi o de traçar um caminho evangélico para viver o cristianismo num continente de empobrecidos (CELAM, 1969, 1979, 1997, 2007; BEOZZO, 1993; DUSSEL, 1997).

A tônica libertadora surgiu como uma espécie de eixo articulador da evangelização no continente latino-americano, marcado pela exploração e pela opressão social, econômica e política. A título de exemplo basta ler este pensamento de Puebla:

Em virtude da encarnação, a paixão de Cristo se prolonga no sofrimento de todos os oprimidos, de tal modo que devemos ver nos rostos dos pobres da América Latina (indígenas, afro-americanos, desempregados e subempregados, camponeses sem terra, operários etc.) "os traços do Cristo sofredor, o Senhor que nos questiona e interpela" (n. 31-39).

O tema libertação, por sua vez, também aparece como eixo articulador da evangelização. Quando se fala em libertação no contexto latino-americano se tem presente uma terrível realidade econômica, política e social que deve ser superada. Supõe-se a destruição da dependência que gera a exploração e a opressão; supõe-se uma ação destinada a mudar as estruturas; supõe-se a transformação da consciência submersa e muda do povo pobre em consciência crítica, pois despertado o dinamismo libertador, esse povo possa se transformar em agente de libertação.

No que se refere especificamente à Teologia da Libertação, pode-se dizer que Medellín lançou um germe, enquanto que Puebla já apresentou traços mais elaborados. Mas a Teologia da Libertação não foi criada por essas conferências nem por Gustavo Gutiérrez com seu livro *Teologia da Libertação*, publicado em 1971 e considerado o marco inicial dessa corrente teológica que literalmente sacudiu a Igreja e a sociedade. Essa teologia foi sendo estruturada a partir de incontáveis artigos, inúmeros livros, de grandes debates em congressos intercontinentais; pela Editora Vozes lançou uma coleção de 45 livros, traduzidos para 5 línguas.

Ressaltamos que essa corrente teológica não surgiu da especulação de teólogos e muito menos de bispos, mas é fruto de um movimento com raízes eclesiais e sociais, nascido da sensibilidade daqueles que já não poderiam assistir passivamente à exploração profunda e geral de povos empobrecidos num continente com um incrível potencial. Mas todo esse fervilhar, que levou a Teologia ao pódio mais alto das discussões eclesiais e sociopolíticas, não poderia deixar de ter repercussão também nas conferências episcopais. Foi o que aconteceu sobretudo em Puebla, onde nitidamente se travou uma espécie de batalha entre conservadores e progressistas. Nem a "Instrução sobre alguns aspectos da 'Teologia da Libertação'" (1984) nem a "Instrução *Libertatis Conscientia* sobre a liberdade cristã e a libertação" (1986), elaboradas pela Sagrada Congregação para a Doutrina da Fé, então presidida pelo Cardeal Ratzinger, conseguiram acalmar os ânimos. Até pelo contrário, apenas acirraram as disputas e ainda hoje, há décadas de distância, embora com menos intensidade, a Teologia da Libertação não é uma página virada, pois deixou e continua deixando marcas profundas.

4.3 Conquistas e interrogações para a Teologia Moral

Como vimos anteriormente, as conquistas da Moral em Renovação são inegáveis. Entretanto, os desdobramentos da percepção latino-americana em termos de Igreja e de sociedade mostraram algumas falhas num esquema que à primeira vista poderia parecer acabado. E talvez a primeira fraqueza seja esse simples esquema de moral que se autodenomina "Renovado", justamente no contexto de um mundo em "transformações rápidas e profundas", no dizer da *Gaudium et Spes* (n. 4).

1) Sob as marcas da Modernidade
É bom lembrar que a Moral em Renovação foi impulsionada por teólogos europeus ou ao menos formados na Europa. Ela tem diante de si "o mundo moderno", do desenvolvimento em todos os sentidos, um mundo bastante diferente daquele em que vivem os empobrecidos. Ou seja, a Moral em Renovação não consegue captar com nitidez o grito dos empobrecidos, e por isso mesmo, em termos sociais, ainda é conservadora. Ela interpreta mais o momento do sujeito do que o momento social. E com isso, numa gama de aspectos, apresenta-se como "idealista", apontando para o que não pode ser concretizado pelos que vivem em condições sub-humanas. Isso vai se refletir em muitos ângulos, mas sobretudo no que se refere à vida familiar e sexual. Ademais, quando se atina para a problemática discutida por essa concepção moral, pode-se perceber a distância reinante em vários tipos de mundo. Assim, por exemplo, enquanto a Moral em Renovação se preocupa com o prolongamento ou não da vida de uma pessoa, uma moral refletida a partir dos empobrecidos se preocupa com os mecanismos de

morte que impedem as pessoas de viverem com dignidade. Da mesma forma, uma é a preocupação com os direitos humanos de quem vive em condições privilegiadas e tem força para exigi-los, outra é a condição de quem é detentor de direitos abstratos e não de direitos efetivos. Basta pensar nas condições de alimentação, habitação, trabalho, higiene etc. vivenciadas por grande parte da humanidade. Em outros termos, a Moral Renovada não deu a devida importância ao que se denomina "irrupção dos pobres", e por isso também não deu o devido lugar às práticas sociais (AGOSTINI, 2010: 57-73).

2) A partir do grito dos oprimidos
Diante desse contexto era preciso buscar outros caminhos, tanto no que se refere às práticas evangelizadoras quanto à reflexão teológica. E essa busca levou a outra maneira de pensar e de agir, acentuando-se a "libertação". Não há dúvida de que nas três décadas em que a Teologia da Libertação se fez protagonista na Igreja e na sociedade, ela foi a expressão de uma crise, que não se manifestava por um confronto entre a abordagem teológica e a fé da Igreja, mas por duas maneiras de compreender a mesma fé, tendo alguns pontos nevrálgicos: 1) Leitura da realidade. 2) Metodologia. 3) Compreensão de Deus. 4) Concepção de Igreja. 5) Concepção antropológica. 6) Concepção de Teologia. Cada um desses itens poderia ser objeto de um verdadeiro tratado. Aqui nos contentaremos com a Leitura da realidade e com a

Metodologia, bases das tensões percebidas. A leitura da realidade se constitui no primeiro grande desafio. Poderíamos dizer que ela se divide em três tipos: 1) A popular. 2) A pastoral. 3) A profissional. Porém, eles se depararam constantemente com o grande desafio de fugir de uma percepção ingênua e funcional. E aqui entra a Metodologia. A proposta clara da Teologia da Libertação é o que se denomina "leitura crítica", que procura desmascarar os jogos ideológicos dos que sustentam o *status quo* político, econômico e social. A consciência crítica, ao contrário da consciência ingênua, não apenas percebe o jogo ideológico conservador, mas convoca para a mobilização que leva a transformações profundas naquilo que a Encíclica *Populorum Progressio* (n. 26, de Paulo VI) denomina sistema econômico "nefasto" (cf. *Puebla*, n. 29-30).

3) Gritos que causam mal-estar

Esse tipo de leitura, apoiada no ver, julgar e agir – por sinal, já implícita na *Rerum Novarum* (1891, de Leão XIII), assumida pela *Mater et Magistra* (1962, de João XXIII) e pelas conferências de Medellín, Puebla, Santo Domingo e Aparecida –, provocou intensas reações de alguns setores da Igreja e da sociedade. Essa modalidade foi tachada de: inspiração marxista, exacerbação da dimensão conflitiva do ser humano, promoção de lutas de classe, exacerbação da práxis, perda da dimensão transcendental, desvalorização do Magistério da Igreja...

O que se verificou não foi apenas um quadro de tensão; saudável em si, para que exageros fossem evitados. Afinal – como observa um dos maiores nomes ligados à Teologia da Libertação, ao mesmo tempo em que assume hoje uma postura crítica no tocante a exageros –, houve quem colocasse os pobres no lugar de Cristo (BOFF, C. 2007: 268). O que se constatou foi a condenação formal de dezenas de teólogos de todas as áreas de reflexão, de todas as nações, de todas as línguas. Isso ocasionou uma freada significativa nas pesquisas teológicas. A intimidação tomou conta de tal forma, que um crescente número de teólogos se impôs uma espécie de autocensura, pois tinham receio de publicar suas pesquisas.

Apesar dos pesares, não há como negar ganhos significativos da Teologia, de modo geral, e da Teologia Moral, particularmente. Basta pensar na tomada de consciência dos mecanismos de opressão que pesam sobre os empobrecidos; sobre a condição desumana na qual vivem, por um lado, e por seu potencial adormecido, de poderem ser verdadeiros agentes de uma necessária transformação social para a construção de uma nova sociedade. Nesse contexto, mesmo levando em consideração as muitas mudanças que se operaram e continuam se operando, não há como esquecer que cabe à Teologia Moral colaborar na construção de uma nova consciência e de novas práticas eclesiais e sociais que possibilitem a conjugação do amor e da justiça em todos os níveis. É notório que as "melhorias" em favor dos empobrecidos são mais maquiagens assistencialistas do que verdadeira promoção humana que leva a todos a possibilidade de serem sujeitos de sua própria vida e colaboradores na construção de uma nova sociedade. Para quem ainda tem dúvidas sobre a ortodoxia dessa preocupação para com os empobrecidos, citamos o Documento de Aparecida:

> A globalização faz emergir, em nossos povos, novos rostos pobres [...] fixamos nosso olhar nos novos excluídos: os migrantes, as vítimas da violência, os deslocados e refugiados, as vítimas do tráfico de pessoas e sequestros, os desaparecidos, os enfermos de HIV e de enfermidades endêmicas, os tóxico-dependentes, idosos, meninos e meninas que são vítimas da prostituição, pornografia e violência ou do trabalho infantil, mulheres maltratadas, vítimas da exclusão e do tráfico para a exploração sexual, pessoas com capacidades diferentes, grandes grupos de desempregados(as), os excluídos pelo analfabetismo tecnológico, as pessoas que vivem na rua das grandes cidades, os indígenas e afro-americanos, agricultores sem terra e os mineiros (n. 402).

Conclusão

Há acontecimentos que à primeira vista deverão deixar marcas profundas, mas logo desaparecem, e há outros que não serão tão facilmente apagados. Isto ocorre tanto nas sociedades quanto nos meios religiosos. O Concílio Vaticano II foi um desses acontecimentos que irão deixar marcas muito profundas e duradouras. Em meio a discussões acaloradas, grandes transformações foram se firmando, e isso de tal forma, que eventuais recuos não parecem destinados a comprometer as muitas conquistas teológicas e pastorais.

Assim, no que se refere à Teologia Moral, o resgate de categorias como Aliança e Reino de Deus, recolocando Cristo no centro das preocupações teológicas, não apenas permitiu o abandono de certos vícios, como também forçou a Teologia a redescobrir valores esquecidos e outros nem sequer visualizados em eras precedentes. A centralidade na pessoa de Jesus Cristo, de suas palavras e de suas posturas levou à redescoberta da importância vital da promoção da dignidade humana, inclusive e sobretudo daqueles que vivem à margem de tudo. O fato de os empobrecidos serem chamados a participar efetivamente da Igreja e da sociedade fez com que a própria "Modernidade" assumisse uma nova fisionomia, isto é, descobrisse a necessidade de resgatar muitos valores que se escondem por trás de pessoas e sociedades que à primeira vista nada têm a oferecer. Em outras palavras, assim como na construção das sociedades, as reflexões humanas são sempre inacabadas e exigem constantemente novos retoques ou até mesmo repensamentos mais profundos.

5
Lei natural: referencial que deve ser repensado

Vimos que os esforços da Teologia Moral para esculpir um novo rosto teológico obtiveram bons resultados, sobretudo a partir do Concílio Vaticano II. Também analisamos que os traços dessa configuração não podem ser considerados definitivos e acabados, e aqui alguns referenciais importantes precisam ser repensados, sobretudo em três pontos intimamente ligados: 1) Lei natural. 2) Liberdade. 3) Consciência. Como são marcos decisivos para o repensamento da Teologia Moral, sobretudo no que diz respeito às normas morais e à missão de colaborar na busca dos melhores caminhos de humanização, iremos tratá-los em capítulos sucessivos, haja vista que lei e direito apontam mais para as normas; liberdade, mais para a responsabilidade pessoal e coletiva; consciência, por sua vez, diz respeito à intimidade da pessoa, enquanto tenta se situar diante dos desafios da vida.

5.1 Lei e direito naturais: o que permanece em meio às evoluções

Tanto nas sociedades civis quanto nas instituições religiosas o aparato jurídico vai se ampliando sempre mais. Volumosos códigos, cada vez mais específicos, mostram a tentativa de articular a vida em sociedade. Entretanto, apesar de sua inegável necessidade, intensifica-se a preocupação para fugir de firulas jurídicas que nem sempre se preocupam com a verdade e o bem-estar de todos. É justamente em tal contexto que ganha notoriedade a fundamentação das normas jurídicas e éticas, referenciando-se a denominada lei natural e o seu correspondente: direito natural. Por isso, embora de modo reduzido, ambas são as expressões mais evocadas e ao mesmo tempo as mais questionadas. Se em certos períodos elas são rejeitadas como expressão de imobilismo e empecilhos para a autonomia humana, em outros são categorizadas como referenciais indispensáveis para o diálogo inter-religioso, para a preservação da identidade das pessoas e das sociedades.

1) Em busca da fundamentação dos direitos e das normas

Não deixou de ser uma agradável surpresa o documento do Conselho do Parlamento das Religiões Mundiais, elaborado em 1993, com o sugestivo título: *Em busca de uma ética universal – Novo olhar sobre a lei natural*.

Nele, um expressivo número de pessoas, representando as mais diversas ciências e religiões, declara que o resgate da lei natural é absolutamente necessário para que todos abracem um compromisso mínimo no sentido da não violência, do respeito pela vida, da solidariedade, da tolerância, da igualdade do homem e da mulher...

Dada a importância que se atribui à lei e ao direito naturais, convém trazer à tona seus fundamentos e sua persistência no transcurso da história, de tal forma que fique evidenciado tanto o que permanece quanto o que evolui. E nessa busca o que sobressai é, antes de mais nada, que a referência à lei e ao direito naturais vem de longe e atravessa séculos, indo além das religiões. Nesse particular é marcante a constante referência a *Antígona*, de Sófocles, que apela para as leis não escritas e imutáveis dos deuses (SÓFOCLES. *Antígona* v, 449-460). Na mesma linha de pensamento, entre tantos outros, estão Platão (*Górgias*, 483 x-484 b), Aristóteles (*Rhétorique*, I,XIII,2) e Cícero (*De legibus*, I, VI, 18), mostrando que as leis positivas não remetem aos seres humanos, mas à divindade. E algo parecido pode ser encontrado em religiões antigas, como o hinduísmo, o taoismo, o budismo e o islã. Manifesta-se assim uma impressionante convergência de fundo, pois filosofias e religiões partilham desta mesma convicção: os seres humanos podem conhecer o que é bom e o que é mau, e nesse conhecimento lúcido, por meio de um diálogo profundo, podem fazer suas escolhas com acerto e sabedoria.

Ainda que lei e direito naturais não sejam categorias estritamente religiosas, são mencionadas na Sagrada Escritura, como expressa o Sl 148,6: Desde a criação Jahweh deu-lhes uma lei que jamais passará. Como também encontramos nas "Dez Palavras" a sinalização segura para os seres humanos chegarem à sabedoria, se realizarem e entrarem na Terra da Promessa (Sb 7; Eclo 1,26-27). E na observância dessa sinalização é que um povo, por meio da Aliança – pacto de cunho religioso, mas de grande alcance político e social –, pode se transformar em "povo de Deus" e, como tal, povo de irmãos e irmãs, fundado na justiça e no direito. No Novo Testamento essa compreensão ganha força total em Jesus Cristo. A lei de ouro, já evocada no Antigo Testamento ("Não faças a ninguém o que não queres que te façam" (Tb 4,15) é assumida pelo Mestre como expressão da vontade do Pai: "Tudo aquilo, portanto, que quereis que os homens vos façam, fazei-o vós a eles, pois esta é a lei e os profetas" (Mt 7,12). Em consonância com esta regra de ouro é que vem expresso o grande e único mandamento do amor a Deus e ao próximo. Igualmente nesta mesma compreensão São Paulo, ao proclamar que Cristo é o Salvador de todos, não deixa de acentuar que, pela obra da criação todos podem chegar ao conhecimento de Deus e, com isso, tornam-se responsáveis por seus atos (Rm 1,19-20). Para Paulo, é através de uma lei não escrita que até mesmo os gentios podem discernir entre o bem e o mal: "Quando então os gentios, não tendo lei, fazem naturalmente o que é prescrito pela lei, eles, não tendo lei, para si mesmos são lei; eles mostram a obra da lei gravada em seus corações, dando disto testemunho sua consciência e seus pensamentos que alternadamente se acusam ou defendem" (Rm 2,14-15).

Na trilha desta compreensão São Clemente de Alexandria (*Stromates*, I,c.29,182,1) acentua que "de Deus são a lei da natureza e a lei da revelação, que formam um todo" e que, portanto, ambas não se contrapõem. Há ainda dois enfoques dos Padres da Igreja que merecem destaque: o do *Logoi spermatikoi*, semente do Verbo espalhada em todos os povos e em todas as culturas e, consequentemente, uma sintonia de fundo entre lei eterna e razão humana. No dizer de Santo Agostinho (*Contra Faustum*, XXIII, c. 27), "a lei eterna é a razão humana ou a vontade de Deus, ordenando conservar a ordem natural e proibindo turvá-la", pois é o próprio Verbo de Deus quem imprime essas leis no coração humano "à maneira de um timbre, que do anel passa à cera, mas sem deixar de ser anel" (*De Trinitate*, XIV, XV, 21). Foi o resgate da Teologia dos Padres da Igreja que possibilitou uma tomada de posição decisiva, sobretudo na época das descobertas do Novo Mundo, quando se percebeu a importância ímpar de um *jus gentium*, que ultrapassa o *jus civile* dos romanos, proclamando direitos universais e obrigatórios para todos, no sentido de preservar a dignidade dos povos. No caso, sobressaía a questão da dignidade dos indígenas. Desta forma, para além do voluntarismo e racionalismo modernos, que afastam qualquer referência a Deus como fundamento último da lei natural, a crise do pensamento ocidental, ocasionada pelo progresso das ciências, fez com que se tomasse consciência da necessidade de um referencial que evitasse todo e qualquer arbítrio e autoritarismo dos prepotentes.

2) O aporte do Magistério da Igreja Católica

Tendo em vista todos estes elementos se compreende que o Magistério da Igreja apele para a lei natural em numerosos documentos, tais como *Rerum Novarum* (1891, de Leão XIII), sobretudo no que se refere aos direitos dos trabalhadores, ao direito à propriedade privada (n. 15 e 93) e aos limites de intervenção do Estado, uma vez que "[...] as leis civis recebem seu valor, quando justas, da lei natural [...]" (20); *Casti Connubii* (1930, de Pio XI), ressaltando a transmissão da vida, que deve ser de acordo com os preceitos das leis de Deus e da lei natural (n. 8, 9, 17, 18 e 21); *Mater et Magistra* (n. 15) (1961, de João XXIII), *Pacem in Terris* (n. 28, 30, 37 e 80) (1963, de João XXIII), visando contribuir para a preservação da paz no mundo; *Humanae Vitae* (1968, de Paulo VI), sobre a transmissão da vida (n. 4, 11 e 23); *Evangelium Vitae* (n. 73-74) (1993, de João Paulo II), no qual o sugestivo título fala por si só, apontando que as ameaças e as promessas interpelam mais do que nunca a humanidade. Referências diretas e indiretas também podem ser notadas no Concílio Vaticano II. Só a título de exemplo citamos os n. 269, 270, 326, 329, 334, 350, 361, 362, 363, 450 e 460 da *Gaudium et Spes* (Edição Vozes). Mas o que sobressai é o n. 16 desse documento, que se torna indispensável para a compreensão do posicionamento da Igreja:

> Na intimidade da consciência o homem descobre uma lei. Ele não a dá a si mesmo, mas a ela deve obedecer. Chamando-o sempre a amar e fazer o bem e a evitar o mal, no momento oportuno a voz desta lei lhe soa nos ouvidos do coração: faze isto, evita aquilo. De fato, o homem tem uma lei escrita por Deus em seu coração. Obedecer a ela é a própria dignidade do homem, que será julgado de acordo com esta lei. A consciência é o núcleo secretíssimo e o sacrário do homem, onde ele está sozinho com Deus e onde ressoa sua voz. Pela consciência se descobre, de modo admirável, aquela lei que se cumpre no amor de Deus e do próximo. Pela fidelidade à consciência os cristãos se unem aos outros homens na busca da verdade e na solução justa de inúmeros problemas morais que se apresentam, tanto na vida individual quanto social [...].

Neste texto de importância ímpar se percebe a conexão entre lei natural e consciência, bem como entre as duas com a liberdade responsável dos seres humanos. No fundo, todos podem discernir onde se encontra o bem e podem igualmente viver em sintonia com ele.

Finalmente, o *Catecismo da Igreja Católica*, de 1993 (§ 1954-1960), e o *Compêndio da Doutrina Social da Igreja*, de 2004 (sobretudo os n. 192-203), apresentam verdadeiros tratados no tocante à lei e ao direito naturais, em suas múltiplas implicações. Tudo isso se faz muito presente em vários pronunciamentos dos papas João Paulo II e Bento XVI. Basta lembrar que a *Veritatis Splendor* (1993, de João Paulo II) se refere nada menos do que 32 vezes à lei natural como conatural à lei divina (4, 12, 40, 42, 43, 44, 45, 46...). Com isso ele nos mostra a existência de duas "asas" que nos conduzem à verdade: razão e fé, e, ao mesmo tempo, a perenidade e universalidade daquilo que procede da lei natural.

5.2 Para além do imobilismo e da volatilidade se impõe uma compreensão dialética

Até aqui foi ressaltado daquilo que permanece. Em termos clássicos, procuramos fundamentar o *esse*, ou o ser profundo, a identidade permanente de todas as pessoas e de todas as coisas; aquilo que na filosofia se denominava *essência*. Entretanto, há um outro ângulo que não pode ser negligenciado, sob pena de se perder o verdadeiro sentido de todos os referenciais em questão: é o que em latim se denomina *fieri*, o vir a ser. Com isso podemos afirmar que a antiga polêmica entre Parmênides e Heráclito se faz atualíssima. A natureza mais profunda das pessoas e dos seres não é estática, mas essencialmente dinâmica. A compreensão estática da natureza constitui sua própria negação e corresponde justamente a períodos pobres em filosofia e teologia. Foi o que ocorreu, por exemplo, no período da Baixa Escolástica, que na prática se prolongou até meados do século XX. O pressuposto era o de que leis perenes e universais traduziriam também valores perenes e universais. A partir de meados do século XX, com a evolução das ciências e tecnologias, o *vir a ser* foi se impondo com força impressionante. Foi isso que a *Gaudium et Spes* mostrou haver compreendido quando afirma que "o gênero humano encontra-se hoje em uma fase nova de sua história, na qual mudanças profundas e rápidas estendem-se progressivamente ao universo inteiro" (n. 206, edição Vozes). E com isto vem à tona o que a filosofia de Hegel denomina *dialética*, uma categoria que traduz muito bem a tensão dinâmica que movimenta todas as coisas, inclusive as ideias. Tudo progride em meio a tensões, que devem ser devidamente administradas. Assim, quando os avanços, sobretudo no campo dos conhecimentos genéticos e das biotecnologias, alteram a identidade profunda dos seres de um momento para outro, fica difícil entender a perenidade de qualquer coisa. Mais ainda quando se têm presentes os pressupostos da Física Quântica, na qual o entrechoque contínuo de energias altera totalmente a realidade. A primazia da energia sobre a matéria desconcerta os próprios cientistas, uma vez que o mais importante é inatingível e invisível. E quando se considera a diversidade sob os seus mais variados prismas, torna-se difícil entender a universalidade de qualquer lei. Mas, por outro lado, em meio à volatilidade muito bem expressa nas telas de um computador ou de qualquer aparelho mais sofisticado de comunicação, não há como negar que ao aparecimento de novas formas também corresponde à capacidade de fazê-las retornar, ainda que com outro colorido.

5.3 O sonho de se alcançar uma pauta comum a todos passa pela aceitação da lei natural

A partir de tudo o que vimos é perceptível que para falar em "lei natural" e "direito natural" exige-se muita cautela, seja para salvar um patrimônio, seja para colaborar na construção de uma nova realidade, em todos os sentidos. É nesse patamar que o princípio da historicidade pode servir de âncora para articular o que permanece e o que se transforma, o que é de fato universal e o que é limitado ao espaço e ao tempo. O que vimos até aqui pode iluminar essa problemática. É preciso ressaltar que, antes de tudo, a lei natural, radicada no coração das pessoas, é o fundamento de todas as leis e normas que visam a realização humana no universo. Paralelamente, o direito natural emerge como manifestação daquilo que não precisa ser escrito para ser imperativo, e em desdobramentos sucessivos serve como fundamento para todas as demais leis que podem ser consideradas válidas. Mas para sair do nível dos primeiros princípios e alcançar o nível do discernimento das ações faz-se necessário o suporte das várias ciências.

Relembrando o que foi dito anteriormente, o *Catecismo da Igreja Católica* não apenas traduz a letra e o espírito do Vaticano II, como sinaliza onde se encontra o *esse* e onde o *fieri*. O *esse* se encontra em Deus Criador, que criou os seres humanos à sua imagem e os dotou de uma razão capaz de identificar onde se encontra o "bem" e o "mal"; o que leva à realização e também à frustração (§ 1.954). "A lei natural enuncia os preceitos primeiros e essenciais que regem a vida moral" (§ 1.995). "É a lei natural que fornece os fundamentos sólidos sobre os quais o homem pode construir o edifício das regras morais que orientarão suas ações" (§ 1.959). Com este substrato do Catecismo e demais documentos já citados, vai se evidenciando que o *fieri* remete para a condição humana e também para as circunstâncias em que ela se concretiza: histórico-culturais, econômico-sociais, espirituais, psíquicas, afetivas etc. Em outros termos, a capacidade de "ler" a lei inscrita no coração humano é que varia. Consequentemente, também é variável a capacidade de "interpretar" essa mesma lei, como também as demais leis: divinas, humanas, eclesiásticas, civis... No fundo, a articulação da lei e do direito naturais com as demais leis e os demais desdobramentos do direito acontece em meio a uma dialética constante que obriga a buscas contínuas, até que Deus possa ser visto face a face.

  É esta consciência que leva um significativo número de pessoas de alto nível intelectual e espiritual a buscar seriamente um acordo sobre valores fundamentais que podem e devem se tornar universais, para que nosso mundo possa ter um futuro (LIBÂNIO, 2003). Significativamente, foi a partir das cinzas resultantes de uma guerra cruel, que eliminou mais de 50 milhões de pessoas, que surgiu a Declaração Universal dos Direitos Humanos. Ela "permanece uma das expressões mais altas da consciência humana de nosso tempo" (JOÃO PAULO II. *Documentation Catholique*, 92, 1995, p. 918). "O mérito da Declaração Universal consiste em ter permitido que diferentes culturas, expressões jurídicas e modelos institucionais convirjam em volta de um núcleo fundamental de valores, e, portanto, de direitos..." (BENTO XVI, *AAS* 100, 2008, p. 335).

Apesar de tudo, a busca de uma "ética mundial" vem ganhando força na exata medida em que se chega à conclusão de que a permanência da vida na Terra depende exatamente dessa pauta, teórica e prática. É nessa busca que as grandes tradições religiosas e filosóficas podem oferecer uma colaboração preciosa, pois, no fundo, todas elas pressupõem que as leis não podem ser ditadas pelo voluntarismo humano. A experiência mostra que a perda de um referencial superior leva às maiores arbitrariedades, e nesse contexto é que "lei natural" e "direito natural" se manifestam como expressões dos planos divinos e como garantia de uma humanidade a caminho da reconciliação. Mas esses referenciais não podem ser compreendidos como algo estático, mas em sua dinamicidade constitutiva, que leva ao mesmo tempo ao diálogo e à busca da preservação da originalidade de cada um.

Conclusão

Como moral, norma, mandamento e tantas outras palavras, as expressões lei natural e direito natural trazem à mente uma tonalidade negativa. Ao menos num primeiro momento, elas parecem se articular com imobilismo, autoritarismo, abstracionismo. No entanto, todas e cada uma destas palavras ou expressões podem ser relidas de tal forma que traduzam algo não somente positivo, como também dinâmico. Vimos que ao longo da história houve momentos em que se acentuava exclusivamente a transcendência e o caráter de obrigação; também vimos que grandes cientistas e representantes de religiões e ciências da religião tentaram, há poucas décadas, uma hermenêutica bem diferente, aquela que aponta para um referencial que não exclui tonalidades diferentes, advindas de diferentes culturas ou diferentes crenças. E mais, que a "lei natural" remete para o mesmo nível do *Ethos*, ou seja, para a identidade mais profunda do ser humano.

Assim interpretados, "lei natural" e "direito natural" não apenas convidam a uma busca incessante da identidade de todos os seres, de toda a natureza, e sobretudo da natureza humana, mas também convidam para um diálogo aberto e profundo que não fecha fronteiras, mas estabelece pontes que possibilitam a convivência de todos com todos e de todos com tudo. Ou seja, tanto em termos políticos, de convívio pacífico, quanto em termos de enriquecimento mútuo, "lei natural" e "direito natural" são instâncias mediadoras indispensáveis para se fugir de todo autoritarismo, de toda arbitrariedade. Uma hermenêutica adequada desses conceitos abre perspectivas melhores para o futuro.

6
Liberdade: entre a ficção e a realidade

A liberdade, assim como a lei natural e a consciência, é um referencial imprescindível para a compreensão das normas morais e da responsabilidade. Não é possível negligenciar os significativos avanços que liberdade, lei natural e consciência tiveram nas últimas décadas. Mesmo assim, novas conquistas em praticamente todas as ciências humanas e do social, além de responderem a questões ainda pendentes, foram capazes de levantar novas questões. Por isso mesmo é preciso lembrar alguns avanços que colocam em dúvida o que se julgava ser conquista definitiva ou que, ao contrário, enriquecem essas conquistas.

No centro da problemática relacionada à liberdade se encontram o ser humano e sua missão; não obstante, esse mesmo ser humano pode ser compreendido de muitas maneiras diferentes.

Postos diante dos incríveis avanços das ciências e das tecnologias, devemos ter a coragem de encarar esta questão: Liberdade é ficção ou realidade? E uma pista de resposta a ela está na observação sobre a tensão que marca os avanços já estudados e o que começa a emergir (MOSER, 1975: 339-350).

6.1 Liberdade não é conceito unívoco

Como afirmam McMullin (1967: 114-117) e Fuchs (1972: 173-176), não podemos considerar a liberdade como unívoca. Aquele que se propõe falar dela deve, antes de mais nada, especificar sob que ângulo pretende enfocá-la: ontológico, psicológico, político, sociológico, econômico, moral etc. É que ao falar em liberdade o sociólogo se refere àquele estado de espírito de quem não se sente pressionado a pensar e agir deste ou daquele modo num determinado contexto social. O psicólogo não vê apenas pressões do meio ambiente, mas sobretudo as que brotam das profundezas do ser humano, como se fossem uma espécie de determinantes que escapam ao controle da pessoa. Para o filósofo, as circunstâncias externas não são um obstáculo verdadeiro para a liberdade, nem para um escritor sagrado como São Paulo. O prisioneiro pode perfeitamente ser o homem mais livre deste mundo. Não no sentido de fazer o que quer, mas no de ser, pensar e agir de acordo com suas aspirações e exigências mais profundas. Uma pessoa espiritualmente livre não sente qualquer tipo de obstáculo para se realizar como ser humano. O próprio Cristo se coloca nessa postura quando diz que ninguém tira a sua vida, mas que Ele mesmo a dá (Jo 10,18). Já o moralista do passado centrava sua atenção quase que exclusivamente na chamada liberdade de escolha (livre arbítrio). Ele via mais a capacidade de optar entre várias alternativas que se apresentavam, e isto sem ser forçado. Desta forma, o ser humano era visto como alguém que continuamente opta, ora pelo bem, ora pelo mal. Todo ato "humano" seria fruto de uma opção, sempre solicitada e renovada. É por isso que a Moral dos manuais neoescolásticos privilegiava muito mais os atos isolados do que as atitudes. A mesma concepção moral insistia no fato de o ser humano ser diretamente responsável por todo objeto de sua decisão livre, quer se tratasse de uma ação, quer de uma omissão. Curiosamente esta concepção, em si rígida e bem determinada, abria espaço para uma responsabilidade que ultrapassava os limites sinalizados. O ser humano seria responsável não somente pelo que ele abraça diretamente na sua decisão, mas também por todos os objetivos indiretamente visados, já que estes também estão incluídos na sua intenção. A responsabilidade estendia-se mesmo àquilo que, não sendo desejado diretamente (*voluntarium directum*) era previsto e aceito como meio ou como fim (*voluntarium indirectum*). Ela ia mais longe ainda ao acentuar que Deus não julga apenas o que aparece na superfície, mas também o que vai no íntimo da pessoa.

6.2 Na busca de uma dimensão mais profunda

No contexto da Moral em Renovação – estruturada após o Vaticano II – foi se impondo uma compreensão antropológica bem mais ampla e profunda. O ser humano passou a ser considerado em seu todo, e não em algumas das suas dimensões. Foi assim que se passou a falar menos em atos do que em atitudes. Os atos, por mais importantes que possam ser no sentido de apontar para eventuais atitudes, na realidade se apoiam numa concepção antropológica voluntarista e fracionada. Como uma antiga "biruta" de aeroporto, a pessoa poderia mudar continuamente de direção. Traduzindo esta ideia em termos de graça e pecado, ela poderia passar incontáveis vezes da graça ao pecado e do pecado à graça. A denominada *Moral de atitudes* (VIDAL, 1975) tem uma compreensão mais profunda e mais global do ser humano. Além de ir aprofundando a discussão sobre a existência ou não de uma opção fundamental, ela foi mostrando que, embora atos isolados possam revelar algo da pessoa, são incapazes de contemplá-la em seu todo. Ademais, ao mesmo tempo em que se questiona a excessiva importância dada aos atos isolados, questiona-se igualmente a pretensão de se distinguir com tanta facilidade onde se localiza o bem e onde se localiza o mal. Luzes e sombras costumam andar juntas, como que mescladas.

Ademais, a raiz mais profunda da liberdade, como já acenamos, não pode ser encontrada enquanto ela se manifesta como capacidade de escolha. O ser humano não é livre porque pode escolher, mas é livre porque é humano. Comparada à liberdade humana, todas as outras manifestações de liberdade não passam de pequenas amostragens. Contudo, essa liberdade fundamental, que consiste na capacidade e no dever de realizar-se como ser humano, só se manifesta como efetiva à medida que adere à liberdade total, ou seja, Deus; nossa liberdade só se concretiza na medida em que mergulhamos nesta fonte. É por isso que uma pessoa santa se constitui símbolo da liberdade humana, pois sua adesão total a Deus a impede de hesitar entre o bem e o mal. Ela já não adere sucessivamente ao bem, escolhendo pequenos ou grandes bens, mas está de tal modo imersa no bem, que o mal não apresenta consistência. Alcançar esse nível de liberdade, porém, não depende somente de "boas intenções", "boas ações" ou de muitas escolhas virtuosas. A pessoa se torna santa porque abraça a única opção verdadeiramente decisiva: aceitar ou rejeitar Deus. Não que Ele possa ser colocado entre os objetos de nossa escolha, ainda que lhe reservemos um lugar especial, mas porque as demais opções só podem ser devidamente avaliadas nesta dimensão de liberdade que não é como as outras, por se colocar na origem delas. Assim agindo, nunca estaríamos indecisos quanto ao sentido radical da nossa existência: doação total (ou recusa total) do nosso ser ao Absoluto. A Teologia Moral, em última análise, não teria outro objetivo além deste: oferecer ao ser humano elementos para que ele possa chegar conscientemente a essa adesão total a Deus. Adesão que não depende propriamente de maior ou menor consciência, mas que preexiste a ela, numa totalidade de vida.

 Nesta altura dos fatos já vamos muito longe da Moral casuística, verdadeira casa de "pesos e medidas". Agora, todos os atos individuais de liberdade, ou não liberdade, desaparecem para dar lugar a uma aventura total, e de alguma forma definitiva, de autoentrega ou de autorrecusa. A liberdade que nos envolve assume, destarte, uma forma a um só tempo fascinante e aterradora. Fascinante porque já não nos sentimos esquartejados nem girados ao sabor do vento; aterradora porque já não nos compreendemos como que num jogo no qual ora se perde, ora se ganha, mas num jogo no qual sempre se perde ou sempre se ganha, ou seja, ou se ganha tudo ou se perde tudo. Mais ainda, não numa partida que possa ser retomada, mas que só tem um início e um fim. É a aventura dramática que perpassa todas e cada uma das pequenas aventuras cotidianas.

> O homem maduro e adulto, enquanto liberdade criatural, está em si mesmo sempre determinado, abrindo-se ou fechando-se ao sentido de sua vida, isto é, diante daquele Deus que o solicita absolutamente. Não podemos confundir a liberdade fundamental da pessoa como tal diante do Absoluto com a liberdade de escolha que torne possível realizar ações morais particulares. Temos a liberdade fundamental somente como seres que amam ou que recusam o amor – amam ou recusam o amor em liberdade (FUCHS, 1972: 180).

Desse modo, os chamados atos morais passam a ser mais sinais de opção do que propriamente elementos constitutivos.

6.3 Para além do voluntarismo, a força dos condicionamentos

Não se pode falar com propriedade sobre responsabilidade sem falar ao mesmo tempo de liberdade. Por outro lado, não se pode falar de liberdade como se fosse uma espécie de prenda que nos é oferecida por sermos humanos. Por mais verdadeira que possa ser a liberdade no sentido de se colocar num nível mais profundo do que aquele das decisões, é preciso acrescentar outro fator importante quando a conjugamos com responsabilidade, ou seja, o dos múltiplos condicionamentos. A consciência destes foi sem dúvida uma conquista que se impôs com força tanto na Moral em Renovação quanto na Moral da Libertação. Em outros termos, a segunda metade do século passado trouxe à tona tanto o que se denominou condicionamentos estruturais quanto as situações. E vale a pena deter-se sobre eles. Entretanto, coincidindo mais ou menos com a virada do milênio, foi se evidenciando que, para além dos referidos condicionamentos, outros vão se colocando de uma forma que poderia ser classificada como determinante. Ou seja, avanços na linha dos conhecimentos da genética e da física, bem como das tecnologias, foram aprofundando ainda mais as interrogações sobre a possibilidade de alguém ser de fato livre. Em todas as pressuposições, a liberdade quase sempre foi compreendida como uma conquista. Entretanto, neste novo contexto, a pergunta que se coloca é se tal conquista ainda é possível e em que condições. E com isso, se ainda é possível falar em responsabilidade moral com todas as implicações implicadas.

1) Passagem do nível ontológico para o nível existencial

No nível abordado anteriormente, a liberdade, enquanto constitutiva do ser humano e enquanto participação na liberdade divina, de alguma forma se coloca acima dos condicionamentos e não pode ser apreendida pelas ciências humanas. Num nível ontológico não tem sentido falar de condicionamentos. Sucede, contudo, que a dimensão ontológica não existe isolada em si mesma. O ser humano é sempre um ser situado no espaço e no tempo e se constrói numa condição muito particular, que é a humana. Dom e conquista não se contrapõem, mas se pressupõem. Daí a importância de se ter bem presente os limites da liberdade humana. O simples fato de se falar da participação na Liberdade divina já é suficiente para nos indicar uma primeira limitação, que é mais do que um condicionamento. A liberdade constitutiva do ser humano não é a Liberdade, mas apenas uma parte dela. E sendo parte é, por definição, inacabada, imperfeita. Ela pode crescer ou diminuir na exata medida em que se aproxima ou se afasta de sua fonte; jamais, porém, poderá ser plena e perfeita. Por isso, se falamos em plena liberdade, em plena consciência ou em pleno consentimento nós o fazemos sempre por analogia, e não no sentido estrito do termo. E assim, como ponto de partida, convém deixar claro que nossa capacidade de ser livres é sempre relativa, devido ao nosso ser humano no mundo, e isso não pode ser ignorado, sob pena de construirmos um castelo na areia. E aqui nos deparamos com os condicionamentos humanos.

Quando falamos em condicionamentos não apenas subentendemos essa finitude, mas acentuamos as decorrências dela. Umas poderiam ser denominadas estruturais, por fazerem parte da nossa constituição humana; outras, situacionais, porque oriundas de circunstâncias nas quais vivemos e que, de alguma forma, são resultantes de nossas ações e opções.

2) Determinismos genéticos e sua incidência sobre a liberdade

Para entendermos os condicionamentos estruturais podemos citar a genética, mas sem levar em conta o que hoje se denomina engenharia genética. Tomando-a em sua originalidade devemos dizer que ninguém nasce com potencialidades ilimitadas. Estas, se existentes, estariam antes da concepção, jamais depois dela. O óvulo fecundado já é portador de uma série de limites insuperáveis. Nele se encontra um código genético determinado, um sexo determinado, uma constituição física e psicológica ao menos até certo ponto determinada, um grau de inteligência também até certo ponto determinado... sem mencionar os traços de caráter ou as possíveis taras hereditárias que eclodirão mais cedo ou mais tarde.

A matéria-prima está aí, ela pode ser moldada; por ora, ao menos, parece que não pode ser alterada. Se ela for "de ouro", continuará sendo de ouro por toda a vida; se for "de mármore", continuará de mármore, e assim por diante. Nem mesmo o maior artista conseguirá alterar essa matéria-prima. Ele poderá transformar um bloco informe numa obra de arte, mas será incapaz, contudo, de transformar esse bloco em sua especificidade: ouro, prata, mármore, madeira etc. Com isto não pretendemos diminuir a importância dos fatores que irão possibilitar ou impedir que a matéria-prima encontrada no óvulo fecundado assuma esta ou aquela forma, atinja o máximo ou o mínimo de suas potencialidades. Contudo, esses fatores não fazem nada mais do que esculpir bem ou mal o material "bruto" que lhe é entregue. Cada dia, cada experiência e cada fato vão imprimindo novos detalhes, novas marcas na personalidade humana. Estas serão mais superficiais ou mais profundas, mas nunca chegarão ao ponto de alterar completamente o ser original. Explicitando melhor: o ser humano tem um imenso campo onde exerce sua liberdade. Esse campo, porém, é delimitado por fronteiras até certo ponto intransponíveis.

 A estruturação desses condicionamentos individuais não constitui uma novidade; entretanto, é indiscutível o posicionamento diante deles. Enquanto que no passado não eram assumidos em seu todo na reflexão teológica, hoje são constatadas com mais clareza as implicações reais dos "determinismos" biogenéticos sobre a liberdade humana. As repercussões sobre a concepção teológica do pecado são evidentes, como também é evidente a repercussão sobre a responsabilidade humana. Essas repercussões serão ainda maiores ao se levar em conta um fato nem sempre reconhecido: a não completa adaptação do homem ao tirânico ritmo de vida que caracteriza o mundo industrializado e sempre mais mecanizado e automatizado. "A mutação que se está efetuando na imagem do homem e do mundo provoca no organismo humano uma penosa crise de adaptação" (MIGUEL, 1969: 83-95), crise esta que o leva à sensação de ser mais robô do que propriamente sujeito, mais autômato do que autônomo.

3) Condicionamentos situacionais

A divisão entre condicionamentos estruturais e situacionais não é rigorosa, mas meramente metodológica. Se após termos focalizado os "determinismos" biogenéticos como sendo estruturais e agora imediatamente passamos a focalizar os condicionamentos econômicos, socioculturais e psicológicos como situacionais, é porque não queremos perder de vista a complexidade do conjunto. Os fatores socioculturais, econômicos e psíquicos não existem sem o biogenético nem estão ao lado dele; formam raízes nele e dele não podem ser arrancados. Há, porém, diferenças de nível: por ora, ao menos, os condicionamentos socioculturais, econômicos e psicológicos aparecem como sendo bem mais maleáveis do que os condicionamentos biogenéticos. Este é o motivo da distinção apresentada.

Aqui nos encontramos numa situação semelhante àquela aludida anteriormente, a dos condicionamentos estruturais. Não é que os condicionamentos situacionais tenham sido ignorados no passado; eles apareciam em qualquer manual de Moral sob os termos: violência, concupiscência, ignorância, hábitos, sentimentos... Contudo, eram mostrados mais como capítulos isolados, perdidos num conjunto de pressupostos diferentes. Todo o acento recaía sobre a força de vontade, um rochedo inabalável capaz de conter todas as investidas das circunstâncias e dos fatores externos, vistos como muito periféricos para abalar uma vontade solidamente implantada. Os pressupostos oferecidos pelas ciências humanas e do social hodiernas são outros. O ser humano não é dividido em compartimentos mais ou menos estanques: inteligência, vontade, sentimento etc. Ele forma um todo no qual o menor movimento surgido na "periferia" repercutirá sobre a sua totalidade. E não é só isso; o ser humano não se constitui em um ser mais ou menos autossuficiente, que pensa e age isolado na solidão de sua consciência indevassável, independente de sua condição econômica, social, política, religiosa, cultural... Esta foi uma das inegáveis conquistas da Teologia da Libertação: há níveis de miséria e marginalização tais que só permitem as pessoas vegetarem, mais do que se desenvolverem como seres humanos. A liberdade tem que ser conquistada com uma luta constante em favor da vida (COMBLIN, 2007: 72). Como também há pressões de ordem religiosa e ideológica com poder determinante sobre o que as pessoas pensam e como devem agir. Todos estes fatores também acabam se tornando mais ou menos determinantes. O mínimo que se pode afirmar é que eles são por demais profundos para serem considerados periféricos, pois não só envolvem o indivíduo nas malhas de uma complexa rede que o faz balançar com o conjunto, como penetram até o mais íntimo do seu ser. A inserção social molda detalhadamente a pessoa. Os cavalheiros heroicos, que, estribados numa forte personalidade eram capazes de superar todos os obstáculos, já não existem.

Há um outro aspecto que não pode ser esquecido neste item: o condicionamento psicológico. Compreende-se que atualmente as perturbações de ordem psicológica tendem a ganhar maior amplidão e maior profundidade do que antigamente. Elas vão de simples inibições e reações conflitivas até as neuroses e psicoses. Mas todas apresentarão a mesma consequência, manifestada em tonalidades diversas: ora inibindo, ora levando a uma atitude que destoa do conjunto, esses condicionamentos coordenam o nosso agir e o nosso pensar. De alguma forma todos corremos o risco de nos iludirmos acerca da liberdade de nossas decisões. O bombardeamento das ideias e das ideologias dominantes é tal, que ninguém permanece totalmente ileso. Ideias e ideologias transmitidas por *slogans* mais ou menos sutis se infiltram tanto pelas linhas negras de jornal quanto pelas telas coloridas do cinema e da TV; invadem tanto as casas de alvenaria quanto "o secretíssimo santuário da consciência", implantando progressivamente determinado modo de pensar e de ser. Este fundamento básico é exaustivamente testado nas pesquisas de opinião pública, que concluem: as convicções pessoais se enquadram perfeitamente nos esquemas previstos para uma determinada camada social.

Obviamente concluímos que os condicionamentos socioculturais exercem grande e profunda influência sobre a liberdade humana. Porém, não são os únicos nem os mais importantes. Isso porque as pressões mais decisivas que incidem sobre a liberdade não vêm de fora, mas brotam dos mais recônditos abismos do ser humano. Ora dando maior força às primeiras fases do desenvolvimento de uma personalidade, ora acentuando a importância de experiências ocorridas antes de chegarmos à luz da consciência, nossas motivações já perfizeram um longo caminho, sofreram uma triagem operada por mecanismos que mais se revelam nos seus efeitos do que em si mesmos.

É preciso notar que não consideramos aqui os casos de anomalia propriamente dita. Estamos nos referindo ao homem "comum" ou "normal", "que vive sob a influência de inúmeros fatores neurotizantes e não poderá escapar a toda espécie de experiências traumatizantes [...] de automatismos tirânicos, de angústias paralisantes, de vagos sentimentos de culpabilidade, de impulsos obsessivos [...]" (FUCHS, 1972: 180) e de diversos tipos de frustração. O equilíbrio psíquico está tão profundamente ameaçado pela situação real e concreta em que cada um vive, que a personalidade harmoniosamente integrada pode parecer mais uma exceção do que uma norma.

4) Entre humanização e robotização

De alguma forma, quando falamos em biotecnologia e em manipulação genética já sugerimos que a liberdade humana se vê cada vez mais prisioneira de mecanismos que fogem à decisão das pessoas concretas. E isso vai assumindo uma nova dimensão quando se faz entrar em cena o que se denomina tecnociência (BENSAUDE-VINCENT, 2013) e neurociência (NICOLELIS, 2011). Pela conjugação das neurociências e tecnociências se evidenciam sempre mais, por um lado, uma espécie de desmaterização dos seres, inclusive humanos, e por outro as possibilidades de uma potencialização da força da mente humana. Essa potencialização parte do pressuposto de que utilizamos até agora muito pouco das capacidades de nosso cérebro e que, mediante tecnologias adequadas,

> [...] a neurociência acabará expandindo a limites quase inimagináveis a capacidade humana, que passará a se expressar muito além das fronteiras e limitações impostas tanto por nosso frágil corpo de primatas como por nosso senso de eu. Eu posso imaginar esse mundo futuro com alguma segurança baseado nas pesquisas conduzidas em meu laboratório, nas quais macacos aprenderam a utilizar um paradigma neurofisiológico revolucionário que batizamos

de interfaces cérebro-máquina (ICM). Usando várias dessas ICMs, fomos capazes de demonstrar que macacos podem aprender a controlar, voluntariamente, os movimentos de artefatos artificiais, como braços e pernas robóticos, localizados próximo ou longe deles, usando apenas a atividade elétrica de seus cérebros de primatas. Essa demonstração experimental provocou uma vasta reação em cadeia que, a longo prazo, pode mudar completamente a maneira pela qual vivemos nossas vidas (NICOLELIS, 2011: 54).

Diante desta nova realidade, as mesmas questões de sempre, no que se refere à liberdade, vão sendo colocadas de modo sempre mais agudo: Afinal, quem é este ser humano, estudado e transformado ao longo dos séculos, que agora passa a se conjugar com máquinas cada vez mais sofisticadas, que não apenas potencializam tudo o que se atribuía a ele, mas que agora parece fazê-lo deixar de ser unicamente humano, no sentido usual do termo, para se transformar em *cyborg*? O que até algumas décadas atrás apontava para o campo das fantasias, agora já se impõe como realidade atuante no cotidiano. Daí a questão sobre quem é que realmente determina pensamentos, sentimentos, modos de ser e agir. E logo seguem outras questões que nos deixam sem respostas definitivas: Como discernir os valores que subsistem diante de tantas e tão profundas transformações? O que se pode ainda dizer da liberdade, quando os denominados condicionamentos econômicos, socioculturais... embora ainda importantes, não passam de apenas mais um aspecto a ser considerado, mas sem o mesmo peso de anos atrás, uma vez que agora tudo pode ser produzido, sob medida, em laboratório? Como falar em liberdade, pressuposto para se falar em responsabilidade moral, se tudo pode ser minuciosamente programado e a mecanização da vida passa sempre mais a ser uma espécie de robotização?

Conclusão

Se fizermos um balanço das considerações apresentadas até aqui, o resultado soará negativo, pois, antes de mais nada, poderia parecer por demais "realista". Nós, de fato, calcamos fortemente uma tecla que não soa de modo muito agradável a ouvidos habituados a outras melodias. Negativo ainda porque essas considerações são por demais breves diante do sólido edifício de uma moral muito cônscia de seu poder de aprisionar o ser humano em categorias mais ou menos definidas, mais ou menos definitivas.

Se as conclusões dos leitores forem estas, damo-nos por satisfeitos, porque tematizamos o que alguém fez de modo muito mais radical e ainda com maior brevidade:

> Não faço o bem que quero, mas o mal que não quero... Encontro, pois, em mim esta lei: quando quero fazer o bem, apresenta-se a mim o mal. Deleito-me na Lei de Deus no íntimo do meu ser. Sinto, porém, nos meus membros outra lei, que luta contra a lei do meu espírito e me prende à lei do pecado, que está nos meus membros. Homem infeliz que sou! Quem me livrará deste corpo que acarreta a morte? (Rm 7,19.21-24).

A conjugação desta compreensão bíblica com os avanços na compreensão da complexidade de nossa condição humana pode ser feita de outro modo, isto é, ao invés de avaliarmos negativamente os avanços científicos e tecnológicos no sentido de sugerirem o fim da liberdade humana, podemos tê-los como alargadores de horizontes nunca imaginados em relação à responsabilidade das pessoas. Afinal, em todos os tempos, os avanços trazem igualmente a marca do temor, depois superada.

Quanto mais avança, mais o ser humano sente, por um lado, sua pequenez, mas por outro a grandeza de ter sido feito à imagem e semelhança de Deus. E a cada avanço fica mais evidente que Deus nada fez inteiramente acabado. Pelo contrário: confiou aos seres humanos a administração de um projeto grandioso que avança ao longo dos tempos, e apenas pede a esses seres que sejam bons administradores de tudo o que lhes é confiado.

7
Conscientização: a força de um fenômeno social

Lei natural, liberdade e consciência formam uma tríade tal, que se torna difícil estabelecer limites entre esses referenciais. Eles foram objeto de exaustivos estudos ao longo da história, seja para desvelar o sentido de cada um, seja para perceber a importância da articulação deles para a compreensão do ser humano e de sua responsabilidade frente a si próprio e à sociedade. Como nos dois referenciais anteriores (lei natural e liberdade), ao abordar a consciência faz-se mister recuperar alguns traços do passado, sobretudo no contexto do Concílio Vaticano II. É nesse contexto que encontraremos o fenômeno da "conscientização", motor de uma grande movimentação social e eclesial. Assim definindo é que se pode compreender por que ele causou impacto profundo nas abordagens sociais, teológicas e pastorais, até mesmo naquelas diretamente inspiradas no Vaticano II. Embora hoje já não se fale tanto em conscientização, ela continua sendo uma realidade que, com outros rostos, continuamente permanece em cena. Por ter trazido significativa contribuição tanto para a Ética quanto para a Teologia Moral, é conveniente partirmos desse fenômeno para só depois chegarmos ao objetivo central, que é a consciência enquanto realidade fundamental, tanto para a reflexão ética quanto para a teológico-moral. A abordagem teológica sempre deve valorizar o patrimônio cristão, mas ao mesmo tempo acolher dados oferecidos pelas várias ciências. A abertura da problemática conjugando fé e ciência levará certamente a muitos esclarecimentos, mas também não deixará de levantar novas interrogações. Embora querendo evitar a casuística pura e simples, não poderemos deixar de enfrentar algumas questões práticas, como a da formação da consciência, da relação entre consciência social e consciência pessoal e desta com o Magistério da Igreja. Devido à importância do tema, ele será abordado no capítulo seguinte. Já para o desenvolvimento deste capítulo 7 nos balizamos em *Teologia Moral: impasses e alternativas* (MOSER & LEERS, 1987: 146-154), por ser obra de referência ao tema.

7.1 Para além da educação formal

O termo "conscientização", que começa a surgir nos anos de 1960, particularmente no Brasil, vem carregado de um potencial ao mesmo tempo místico e perturbador. Não é sem razão que se pode caracterizá-lo como um fenômeno, pois além de mobilizar multidões, levou ao repensamento de todo o campo educacional e religioso, polarizando as atenções por mais de duas décadas. Hoje, depois de meio século, embora já não cause o mesmo impacto, conserva um potencial pouco comum. Para melhor caracterizá-lo faz-se mister uma retomada histórica que revele ao mesmo tempo sua evolução e a multiplicidade de seus aspectos, pois nele existem várias compreensões diferentes, embora não excludentes. Mas são os aspectos éticos inerentes a ele, nem sempre percebidos, que poderão oferecer elementos preciosos para uma abordagem consistente do ponto de vista teológico e moral da consciência.

1) Contexto e evolução

O fenômeno da conscientização se torna pouco compreensível fora do contexto latino-americano e mais especificamente brasileiro, marcado por contradições e desafios de toda ordem, quando o país ainda era considerado subdesenvolvido, do Terceiro Mundo. Embora hoje – dada a sua evolução econômica e social – ele faça parte da lista dos países emergentes, o quadro ainda é preocupante, sobretudo no que se refere à consciência, do ponto de vista social e religioso. Ou seja, as questões levantadas pela conscientização sofreram alguns deslocamentos, mas continuam pertinentes. Sobretudo quando se dá atenção ao rolo compressor da ideologia dominante, é importantíssimo trazer à tona tanto a problemática quanto as tentativas de solução buscadas num passado não tão distante (AGOSTINI, 2010: 57-73).

O ponto de partida está no campo pedagógico: as multidões marginalizadas de analfabetos desafiavam e continuam desafiando, tanto os antigos quanto os novos métodos pedagógicos. É assim que tem início a chamada Educação de Base. Esta não tem como objetivo primeiro a simples alfabetização, mas o despertar de uma nova consciência social que possibilite a transformação profunda das pessoas mediante as transformações sociais, e vice-versa. Torna-se óbvio, portanto, que uma nova consciência social só será possível como processo comunitário. É na consciência solidária que repousam as chances de uma arrancada decisiva para as transformações profundas nos campos político, econômico, social e até mesmo religioso.

2) Várias teorias em duas posturas

Desde o seu início são caracterizadas duas características polares entre os partidários da conscientização (MOSER & LEERS, 1987: 147ss.). Para uns ela será uma forma de "integração" das massas marginalizadas no seio da sociedade existente; para outros, ela deverá ser o caminho mais rápido e mais eficaz para a transformação radical da sociedade. Esta segunda concepção tem como pressuposto que só o próprio povo pode ser o verdadeiro agente na gestação de um novo modelo social, supostamente desumano porque excludente. Embora esta seja uma proposta mais de caráter social, encontra eco nas correntes teológicas inspiradas pelos ensinamentos sociais da Igreja e por práticas pastorais que se revelam como capazes de propiciar tais transformações.

Apesar dessas duas correntes apresentarem muitas características comuns, ao contrário do que possa pensar, a configuração entre elas não se dá pacificamente, pois ambas são movidas por impulsos ideológicos; daí o desafio enfrentado pela Ética e pela própria Igreja: Como conscientizar sem tornar-se escravo de uma ideologia?

Esta é uma questão vital, pois não só o Movimento de Educação de Base vinha patrocinado pela conferência dos bispos, como também todo o processo de conscientização envolve uma pastoral orgânica na qual evangelizar e promover o povo não se apresentam como contraditórios; pelo contrário, um pressupõe o outro. Com isso, sem perder de vista a evangelização, a Igreja se vê colocada não apenas frente ao problema da conscientização, como também às grandes lutas de libertação dos povos da América Latina.

Tanto os que pretendiam mudar o sistema educacional para apenas "modernizá-lo" quanto os que buscavam alternativas mais profundas no campo pedagógico e social elaboraram seus modelos. Os primeiros insistiram sobre o "desenvolvimento das potencialidades humanas" (BARREIRO, 1980: 472); os outros sobre a transformação da sociedade.

Tanto os "conservadores" quanto os "libertadores" apresentam pressupostos básicos que partem de certas necessidades, mas as interpretam de maneiras diferentes.

Assim, uns as veem de modo intrassistêmico; outros na superação do próprio sistema. Os "conservadores" veem nas elites os dirigentes naturais do processo; os "libertadores" julgam que o povo, e não a elite, é o agente primordial. Os primeiros veem a educação como serviço na reprodução de uma prática consagrada; os segundos julgam que não só a prática social deve ser alterada, mas que a própria educação só poderá resultar de práticas opostas às até aqui efetuadas. Os primeiros, mesmo reconhecendo a dimensão política de qualquer processo educativo, pensam "integrar" as massas no sistema; os segundos em levá-las a substituir o sistema.

3) Convergências e divergências

As diferenças no processo de conscientização não se estabelecem só entre "conservadores" e "libertadores". Mesmo os últimos apresentam modelos diferentes, embora todos apontem para a mesma direção e tenham os mesmos pressupostos básicos: 1) O povo deve ser o sujeito da sua história e, portanto, também da sua educação. 2) Uma das consequências da opressão é que os oprimidos não apresentam consciência de si mesmos como classe oprimida. 3) A conscientização não pode ser confundida com simples "promoção", mas em última análise visa a substituição das estruturas de opressão e o surgimento de estruturas libertadoras (FREIRE, 1983: 472s.)

Basicamente teríamos quatro modelos na linha da libertação: 1) Conscientização como humanização. 2) Conscientização como conquista da consciência crítico-transitiva. 3) Conscientização como acesso para a consciência de opressão. 4) Conscientização como emergência da existência oprimida.

Em meio à efervescência dos debates, aos poucos foram se delineando vários modelos. Para alguns seriam ao menos quatro: 1) De cunho personalista. 2) De cunho eminentemente social, que repousa sobre a necessidade de se despertar para uma consciência transitivo-crítica. 3) Reforço da ideia da consciência de opressão. 4) Importância de reconhecer-se numa existência oprimida. Embora dentro do contexto no qual surgiram os movimentos de conscientização – e estas distinções fossem úteis para a compreensão da totalidade do processo –, hoje – nos parece – estamos diante de duas linhas de ação: 1) Preocupação com as pessoas e o despertar da respectiva consciência. 2) Preocupação com o despertar de uma consciência social crítica.

No centro do modelo de cunho personalista – que se afinava com uma concepção ética que colocava a pessoa no centro das preocupações – a grande tônica era a de ajudá-la a tomar consciência do significado de sua existência. O personalismo, na linha de Emmanuel Mounier (*Le personalisme*, 1950) ou de Gabriel Marcel (*Os homens contra o homem*, 1952; *O mistério do ser*, (s.d.); *A dignidade humana*, 1964), toma como tese central a ideia de que o primeiro passo para alguém se situar na sociedade é a tomada de consciência do significado de sua própria existência. Para este modelo, o trabalho de conscientização consiste em "favorecer a descoberta do sentido profundo da vida humana inserida em circunstâncias históricas que determinam aspectos importantes desta mesma existência" (LIBÂNIO, 1980: 26-28). Em outros termos, "a pessoa assim conscientizada seria alguém comprometido com a história da época" (BARREIRO, 1980: 60-61). Embora centrada na pessoa, esta concepção não perde de vista a inserção na história nem a responsabilidade de cada um na construção de uma nova história.

Já o modelo que entende a conscientização como conquista da consciência transitivo-crítica traz as marcas de Paulo Freire (Pedagogia do oprimido), grande pioneiro de todos os processos de conscientização libertadora. Suas ideias, sempre de novo retomadas, são um marco tão profundo em termos de educação e de conscientização, que dificilmente irão perder sua atualidade, pois mergulham nas raízes do ser humano e da sociedade. O que mais caracteriza este modelo é a estreita relação existente entre os graus de consciência pessoal e o tipo de organização social. A uma sociedade fechada (intransitiva) corresponde uma consciência pessoal e social também intransitiva, ou seja, que não se dá conta da realidade. A uma sociedade em trânsito corresponde uma consciência transitiva, em processo de organização interna, mas ainda não acabada. A uma sociedade realmente aberta corresponde uma consciência transitivo-crítica.

O que caracteriza a consciência intransitiva é a falta de motivação, ausência de compromisso, dificuldade de discernimento, interpretação mágica da realidade, ausência de vida histórica e consequente predomínio de formas "biológicas" de vida (FREIRE, 1967: 59-60).

O que caracteriza o estágio intermédio – que poderia ser denominado de transitivo-ingênuo – seria um certo despertar, mas que convive com simplismos de análise, apego ao passado e transferência de responsabilidade.

O que caracteriza a consciência transitivo-crítica é a capacidade de revisões e reinterpretações, o despojamento de preconceitos, a segurança de argumentação, a facilidade para o diálogo, a capacidade de assumir compromissos, a preocupação com os fenômenos sociais e a abertura a tudo o que se transforma (CUNHA, 1980: 243-251).

Nesse processo de conscientização o educador assume um papel importante, embora não decisivo. Por meio do diálogo – que conjuga ação e reflexão – ele deve facilitar a superação da consciência ingênua para possibilitar o aparecimento da consciência crítico-transitiva. Não que esta consciência seja o objetivo do processo, mas ela é indispensável para a mudança das estruturas da sociedade... Isto porque a opressão, além de ocorrer nos planos econômico, político e social, infiltra-se no mais íntimo das pessoas, na medida em que estas introjetam a consciência do opressor. E, além do mais, também introjetam os "valores", a visão do mundo e da sociedade e, pasmem, também os interesses dele. Destarte, o oprimido o é duplamente: na realidade e em sua consciência.

Deve-se ressaltar ainda que a opressão assim entendida não é fruto do acaso, como também não ocorre simplesmente nos setores econômico, social e político. Ela, isto sim, é fruto de uma ação opressora bem conduzida. Por isso, até mesmo o processo de conscientização se torna mais complexo do que o previsto para a consciência transitivo-ingênua, haja vista que nela há predisposição para a conscientização. No caso da consciência oprimida introjetada, trata-se de enfrentar uma consciência falsificada e trabalhada pela ação opressora. De alguma forma, aqui não nos encontramos apenas diante de uma consciência oprimida, mas sim diante de uma existência oprimida. Quem é oprimido encontra-se totalmente mergulhado na opressão; com isso se agarra às suas próprias ilusões e arma um esquema defensivo, impedindo que a opressão emerja de sua consciência.

A única saída para vencer esse tipo de barreira é a instauração de um diálogo revelador conjugado com ações empreendidas por grupos capazes de enfrentar as ameaças externas e internas da opressão. Ninguém passa da existência para a consciência de oprimido sem vencer o medo da liberdade, e ninguém vence sozinho ou apenas pelo diálogo, mas precisa se apoiar na ação de um grupo que rompa as resistências. Para que isso ocorra o processo conscientizador deverá promover a colaboração, a união, a organização realmente popular, a busca de uma síntese cultural. Nesse processo, o educador é visto mais como aquele que explicita do que propriamente aquele que efetiva a conscientização.

7.2 Algumas interrogações de cunho ético

O fenômeno da conscientização não é impactante apenas do ponto de vista social e político, mas também o é do ponto de vista ético. E isso sob dois aspectos.

1) A inter-relação dos vários níveis de consciência. O processo de conscientização, embora originariamente mais voltado para as dimensões pedagógicas, políticas e sociais, não pode deixar de repercutir também sobre o sistema de valores das pessoas e das comunidades. O processo de conscientização não é regionalizado, mas global. E sendo global leva consigo não somente uma crítica à consciência socialmente ingênua, mas também uma crítica à consciência eventualmente ingênua do ponto de vista teológico. Por ser global, uma consciência verdadeiramente crítica em termos sociológicos dificilmente deixará de ser uma consciência crítica em termos teológicos. É que tanto a consciência crítica quanto a consciência moral tendem a superar a área teoricamente delimitada do seu campo para invadir os demais setores. Diante disso, como fica a questão da inviolabilidade desse núcleo secretíssimo que se chama consciência?

2) A função dos agentes de conscientização. É fácil constatar a manipulação existente no caso dos modelos conservadores. Segundo eles, caberia às elites, e somente

às elites, mudar a consciência do povo. A questão se torna mais refinada em relação aos modelos "libertadores", pois todos eles insistem que as pessoas e o povo são os verdadeiros agentes de conscientização. Entretanto, todos eles também admitem uma certa interferência do conscientizador. Aqui se localizam as questões éticas mais sérias: Não seria a conscientização, no fundo, uma forma de manipulação? Será que todos os modelos são eticamente aceitáveis? Seria um mais aceitável do que o outro?

O primeiro modelo é o que apresenta menos interrogações do ponto de vista ético, pois, para ele, conscientizar é humanizar. Mas, por permanecer mais no plano pessoal do que no social, parece não apenas o menos conscientizador, como também, de alguma forma, propõe-se levar o povo numa certa direção, na qual fica obscurecida a social. Já os partidários de um cunho mais sociopolítico acentuam a necessidade do diálogo e pressupõem que também o povo a ser conscientizado é portador de valores. Contudo, reserva grande papel ao conscientizador. Ora, parece que a única saída seria a de que o povo fosse o seu verdadeiro agente, mas que necessita de explicitadores. Contudo, na prática, os que se afinam com a consciência crítica, apesar de pretenderem se afastar do dirigismo, na medida em que falam de uma consciência ingênua, mágica, a-histórica, acabam, no fundo, pressupondo que cabe a alguém corrigir o que julgam ser uma consciência falsificada (BOFF, C. 1980: 217). Mesmo na valorização do saber popular, sempre permanece o perigo de se ver na conscientização uma ativação externa de forças adormecidas. Sempre surge aquele que deve acordar o povo. Uma coisa é certa: "Não existe ação pedagógica absolutamente não diretiva e totalmente livre". Acontece que "a questão [...] não é influir ou não. A questão é como influir, em que direção influir" (BOFF, C. 1980: 219-230).

Uma saída mais plausível para evitar a manipulação estaria na prática na qual exista uma verdadeira "troca de saberes" (BOFF, C. 1980: 225), na qual todos aprendem, todos se influenciam mutuamente, todos se libertam. O povo se liberta de sua consciência ingênua e o "conscientizador" de sua consciência desvirtuada pelo lugar social a que pertence. Ao "conscientizador" caberiam as funções de transmitir dados que interessam ao povo (sua história, por exemplo); assistir ao povo em suas necessidades (assistência técnica, jurídica etc.); explicitar os problemas na forma de questões; sistematizar os resultados que o povo já atingiu; favorecer a organização do povo, partindo daquilo que corresponde à sua realidade. Ao povo cabem igualmente funções insubstituíveis nesse processo: revelar sua vida e sua prática; senso do real; valores éticos e religiosos que ele conserva, apesar de tudo (BOFF, C. 1980: 230).

Conclusão

À primeira vista pode parecer que este capítulo não se encaixa ao objetivo central deste livro, que está na busca de um novo rosto para a Teologia Moral. Contudo, à medida que os agentes de pastoral, pastores e teólogos se envolvem – e devem se envolver com o processo de conscientização –, não podem perder de vista algumas coordenadas que lhes são próprias e que ao mesmo tempo correspondem a uma visão mais global do ser humano e dos projetos divinos.

Assim, a própria concepção de uma nova sociedade levanta a questão dos valores a serem promovidos e dos métodos a serem utilizados. Particularmente no que se refere aos valores, dever-se-ia ter presente que nenhuma sociedade será verdadeiramente humanizada enquanto não se abrir para o transcendente e para tudo o que disso decorre. Há uma referência intrínseca de tudo e de todos que os ultrapassa e que não é manipulável. É o que denominamos dimensão mistérica, tocada pela graça e pelo pecado que emergem em qualquer processo humano. E é nesse plano que convém situar a missão evangelizadora dos pastores: revestidos do carisma de administradores dos mistérios de Deus revelados em Jesus Cristo, cabe-lhes o empenho constante de transmitir o Evangelho como Jesus o fez; isto significa apresentar integralmente a proposta do Pai, mas respeitando profundamente as pessoas. Finalmente, dever-se-ia ter presente que a questão não consiste apenas em mudar o "sistema", pois, como insistimos desde o início, a verdadeira mudança envolve tanto aspectos político-sociais quanto pessoais. É nessa altura que se abre um espaço insubstituível para o que denominamos consciência cristã, e que será objeto do próximo capítulo. Os modelos educativos e de conscientização abrem perspectivas para a verdadeira evangelização, mas não a substituem.

8
Consciência: lugar de encontro do divino e do humano

Até aqui, a consciência teve uma abordagem principalmente sociológica, com indicações de cunho teológico-ético. Poderíamos também apresentar abordagens relacionadas às ciências do homem, particularmente à Psicologia (SIMBA, 2009). Todas essas abordagens apresentam de modo mais ou menos convincente os vários tipos e níveis de consciência, revelando como ela, longe de ser uma realidade estática, é dinâmica – quer seja considerada sob o prisma pessoal, social ou teológico –, pois sofre uma série de influxos, tanto internos quanto externos. Entretanto, nesses tipos de abordagem faz-se necessário não perder de vista ao menos três coisas: 1) "A consciência moral não é uma espécie de consciência à parte [...]. Na realidade, só existe uma única consciência, que se manifesta de modos diferentes e em níveis distintos" (BACH, 1985: 171). 2) Embora exista uma interação constante entre esses modos diferentes e níveis distintos, não se pode simplesmente fazer transposições de um campo para outro. As abordagens das ciências do homem e do social podem iluminar a teológica, mas não substituí-la. É o que pretendemos fazer neste item, isto é, trabalhar com todos os dados, mas sem confundi-los.

Como se configuraria a consciência em tal abordagem? Parece-nos que ela aponta para uma tríplice direção: 1) Realidades humanas. 2) Raiz última de todas as coisas. 3) Profundezas do próprio ser humano. Ao falar em "minha consciência" devo ter presente algumas questões que não são tão simples de serem respondidas: O que significa "formar" a consciência? Qual a relação entre consciência e valores morais? Qual a relação da consciência pessoal com a consciência eclesial?

À semelhança do capítulo anterior, aqui nos balizamos em Moser e Leers (1987: 154-168).

8.1 Consciência como abertura total

A abordagem feita anteriormente manifesta de modo claro o quanto a consciência pessoal está vinculada ao meio ambiente e à sociedade. Em grande parte somos as nossas relações e nos percebemos nelas: relações políticas, sociais, econômicas, ambientais, religiosas... É na interação entre o eu e o não eu que vai se configurando a personalização. Também na interação entre o eu e o não eu é que se configura quem sou e quem devo ser. Sendo assim, a verdadeira consciência nunca é fechada sobre si mesma, muito menos o que denominamos consciência moral. Ela é sempre uma *cum-scientia*, uma sabedoria que vai crescendo na exata medida em que o eu se abre àquilo que aparentemente lhe é externo, mas que também penetra mais ou menos profundamente em seu ser. Essa percepção já aparece na própria palavra grega *syneidesis*, em parte assumida pela Sagrada Escritura, particularmente por São Paulo (DELHAYE, 1971a: 229-252): ver com; conhecer com. É dessa forma que progressivamente o ser humano vai se apropriando dos valores que são próprios de uma cultura, de um povo, de uma religião e de uma época.

Ao menos indiretamente é possível perceber que a consciência se encontra intimamente unida ao que se convencionou denominar *ethos*, a identidade profunda dos seres humanos; identidade que é descoberta e se desenvolve na "casa" (= *ethos*) de todos. Contudo, assim como o *ethos* originariamente remete para as convicções profundas e valores de um povo, também a con-sciência sempre aponta para aquilo que é maior do que ela mesma. Em termos cristãos e teológicos essa tendência profunda se denomina amor, que é a vocação primeira do ser humano e o único caminho de sua realização. A criatura humana foi feita para amar, e somente assim é que descobre quem é, o que deve ser e o como deverá ser.

É nessa altura que se manifesta o duplo aspecto do amor: para com o próximo e para com Deus. O traço de união entre essa dupla dimensão é Jesus Cristo, o único a vivê-la em plenitude e sem divisões. Por isso mesmo, a suprema expansão da consciência moral encontra-se inserida em Cristo e na missão que Ele assume: a implantação do Reino.

O Reino de Deus, vale dizer, não é algo externo aos humanos, mas o perpassa em todas as suas dimensões. Sem se confundir com nenhuma delas, abraça todas. Consequentemente, a criatura humana só responde ao apelo fundamental de sua consciência à medida que se insere profundamente no movimento histórico-salvífico, que encontra seu ponto alto em Cristo.

Sendo assim, a "educação" fundamental da consciência moral cristã não aponta para o perfeccionismo moral, mas para a inserção na história salvífica por meio do seguimento de Cristo. É nesse processo que se desvela o humano e também onde ele e o divino se tocam. O vínculo entre eles é que pode ser denominado consciência moral. Não é fechamento sobre si mesmo, mas abertura às interpelações concretas de Deus em Jesus Cristo.

8.2 Consciência como abertura para o transcendente

A abertura total anteriormente apontada começa pelas mediações, não tanto das ciências, mas das concretizações do humano. Contudo, tais mediações, como a própria palavra sugere, medeiam duas realidades ao mesmo tempo próximas e distintas: 1) Realidade humana. 2) Realidade divina. O que o olhar científico descobre é importante, pois ilumina uma das realidades, um dos lados da ponte: o humano. Entretanto, cabe ao teológico iluminar não só a ponte toda, como também fazer perceber o que se encontra do outro lado, ou seja, no mais profundo do humano. Não é sem razão que os povos mais antigos já se referiam à consciência humana como algo que ultrapassava ela mesma. Os deuses, as fúrias e outras entidades mitológicas (VIDAL, 1975: 268-271) remetem menos para uma percepção ingênua do que para uma percepção que escapa à imediatez do cotidiano. Na mesma linha, os textos veterotestamentários, quando querem discorrer sobre a profundidade do humano, falam do "coração" (DELHAYE, 1971a), ou seja, daquilo que se encontra no centro vital do humano, mas que escapa à percepção imediata. O coração alimenta a vida e até certo ponto se confunde com ela. Mas trabalha em silêncio, de modo quase imperceptível. Algo semelhante ocorre com o divino: alimenta o humano, mas se esconde por trás dele.

A presença do divino no humano se manifesta já nos albores da sua vida. Muito cedo, progressivamente, de modo obscuro e impreciso no início, o ser humano sabe que ele existe, quem ele é e quem pode e deve se tornar, ou seja, começa a perceber sua responsabilidade com respeito ao seu próprio destino e ao destino do mundo que o cerca. É o despertar da consciência! Sucede, porém, que essa consciência não é criada no momento em que se manifesta; nem a consciência psicológica, nem a consciência moral, nem a consciência social, nem a consciência religiosa... O ser humano descobre uma realidade que já existe originariamente. É aqui, na raiz do próprio humano, que devemos situar Deus e sua presença atuante. Este não somente revela aquilo que o homem deve fazer ou deixar de fazer, mas "cria" nele a consciência como força e luz que lhe possibilita responder ao seu chamado. À medida que a pessoa se dá conta dessa gratuidade e desse apelo preexistente nela é que pode iniciar sua caminhada em direção à própria realização e tornar-se agente de sua história. A presença divina na origem da consciência, comumente denominada "voz de Deus" (SANTO AGOSTINHO, [s.d.]: 1.283c), não é algo mágico e que escapa às limitações do humano. Pelo contrário, ela pressupõe o discernimento moral, *dokimazein* (1Ts 5,21). Aqui estaria a chave da consciência neotestamentária (CULLMANN, 1957: 154; TERRIEN, 1973), pois é a capacidade concreta de uma decisão moral adequada. A descoberta da vontade de Deus numa situação concreta pressupõe busca ancorada na fé, na reflexão humana e na experiência (HORTELANO, 1979: 257). Esse discernimento, por sua vez, vem facilitado pelo conhecimento adequado do Evangelho e pela prática do seguimento de Cristo na vida da Igreja e comunidade de fé. Contudo, o que há de mais extraordinário na consciência aparece exatamente lá onde essas dimensões não afloram de modo explícito. Todo e qualquer ser humano, pelo fato de ser humano, traz em si as sementes do divino. Por isso mesmo, "na intimidade da consciência, o ser humano descobre uma lei, que ele não dá a si mesmo, mas à qual deve obedecer [...]" (*Gaudium et Spes*, 16).

8.3 Consciência como abertura para si mesmo

Uma das definições mais profundas de consciência pode ser considerada esta: "A consciência é o núcleo secretíssimo e o santuário do humano onde ele está sozinho com Deus e onde ressoa sua voz" (*Gaudium et Spes*, 16). Essa abordagem não anula evidentemente o que foi dito anteriormente sobre as muitas dimensões do humano e sobre seus múltiplos condicionamentos. Ela simplesmente aponta para aquilo que se poderia denominar "consciência radical", ou seja, que se encontra na raiz mais profunda do humano. É como que o resultado daquilo que é constitutivo dele e daquilo que vai sendo trabalhado ao longo de sua vida.

O que se evidencia quando se fala em "núcleo" e "santuário" é a profundidade do que denominamos consciência moral. Todo ser vivo tem inscrita em si mesmo sua própria lei: a de seu desenvolvimento, de sua realização. É esse dinamismo interno que constitui o ser: o que ele foi, o que ele é, o que ele está se tornando e o que ele será. Por isso mesmo, recusar-se a obedecer a esse dinamismo seria recusar-se a si mesmo e obstaculizar o seu próprio desenvolvimento. Entre todos os seres criados, o humano é o único que pode escolher entre abraçar ou rejeitar esse dinamismo. Todos os outros seres estão submissos a um determinismo da natureza que não lhes permite subtrair-se; embora autônomos, não se dão conta disso nem podem rejeitar ou aceitar seu determinismo. O ser humano, ao contrário, "toma consciência" do que ele é e do que lhe sucede. A consciência é, portanto, antes de mais nada, essa capacidade que temos de tomar distância em relação a nós mesmos e às coisas que nos cercam para descobrirmos progressivamente nossa existência, nossas possibilidades e nossos limites. A essa faculdade de dobrar-se sobre si mesmo damos o nome de consciência. Os medievais diziam que ela é uma faculdade do humano. Entretanto, é preciso não perder de vista que essa faculdade não representa apenas uma função humana, mas abrange o todo, sua totalidade. Portanto, a consciência pode ser definida como sendo o próprio humano, considerado em seu núcleo mais íntimo; é o próprio ser humano enquanto se dá conta de que existe e é chamado a se desenvolver numa determinada direção. Quando falamos em "se dá conta de que existe" abordamos o plano psicológico; quando acrescentamos que "é chamado a se desenvolver numa determinada direção" entramos no plano teológico, de vocação, ou seja, de chamado divino para participar dos seus projetos. A tríplice abordagem – ora considerando o que nos cerca, ora o divino que nos invade, ora a profundidade do ser de cada um – não significa que concretamente essas dimensões possam ser separadas. Elas atuam simultaneamente, com influxos e refluxos, num processo dialético interminável. Assim, a consciência pode e deve ser percebida não como a solidão da pessoa, mas como a conexão resultante de uma abertura em múltiplas direções.

8.4 Algumas explicitações

Os longos tratados da consciência (BACH, 1985; HORTELANO, 1979) nos revelam que, também em relação a ela, nem tudo se passa de modo tão fácil na vida prática. De alguma forma a consciência nos escapa, pois ela é o que somos. Com isso, há questões que se levantam quase que espontaneamente. A primeira delas diz respeito à sua formação: Se a consciência é um dado originário, o que significaria formar a consciência? Outra questão diz respeito ao relacionamento dela com a chamada lei moral: Até que ponto a lei moral determina a consciência pessoal, ou mesmo a consciência social? Uma questão muito conexa com as duas anteriores diz respeito ao papel da Igreja na formação da consciência. A questão se torna particularmente aguda quando nos defrontamos com situações conflitivas: Seguir o Magistério da Igreja ou seguir a própria consciência? Todas estas questões já foram de alguma forma abordadas anteriormente. Contudo, dada a sua importância e a repercussão prática, elas requerem maiores explicações.

1) O que significa "formar" a consciência

Vimos que a consciência é o que temos de mais íntimo e originário, por isso ela poderia ser denominada "identidade profunda". Daí as questões: Nossa identidade poderia, a rigor, ser "formada"? Como? Com que precauções? Numa das pontas destas questões está aquilo que se pode denominar "originalidade de cada ser humano". Deus revela seu poder não pela criação em série, mas exatamente pela criação diversificada. Apesar de traços comuns que nos identificam como "humanos", cada um de nós traz em si traços pessoais irrepetíveis. Quem sou? Por que existo? Para onde vou? Estas perguntas não podem ser assumidas por ninguém além de mim mesmo. Na outra ponta se encontram minhas "circunstâncias", isto é, o meio ambiente do qual procedo, os influxos familiares, sociais, políticos, econômicos, culturais, religiosos etc. Em outros termos, a originalidade começa a ser "trabalhada" por numerosos fatores, que em grande parte independem da própria pessoa. É nessa dialética entre a originalidade e o meio ambiente que é forjada a consciência, quer seja moral, psicológica, social ou religiosa.

Ao lado da originalidade e do "trabalho" assistemático dos múltiplos fatores pode e normalmente vai surgindo um "trabalho" educativo, movido tanto pelo ambiente familiar quanto pelo social. É nesse contexto que se coloca igualmente a educação religiosa, quando se abrem as possibilidades de uma educação libertadora ou manipuladora. A verdadeira educação parte do pressuposto de que as pessoas, os grupos, as nações devem ser os agentes primeiros de sua própria educação. Daí o pressuposto básico do máximo respeito para com a identidade profunda de cada um: seu patrimônio, suas tendências, suas origens... Não se trata de "im-plantar", mas antes de cultivar, favorecer o desabrochamento. O que normalmente se denomina "educador" seria, antes de mais nada, uma espécie de "pro-vocador", que chama, interpela, anima o "educando" a se desenvolver de modo corajoso e coerente com sua vocação. Aqui há convite, propostas; não imposições. Ao contrário, um processo educativo autoritário parte do pressuposto de que é preciso implantar a todo custo e eventualmente arrancar o que está aí para substituir por algo tido como melhor. Nesta concepção o educando é aquele que "não" sabe, "não" pode, "não" deve. Não é sujeito, mas um verdadeiro objeto. Aqui não há propostas, mas respostas; não há interrogações, mas afirmações; não há convites, mas ordens.

De um lado temos configurado o sistema socrático, com sua maiêutica, ou seja, um processo em que a resposta não é dada por antecipação, mas no qual são colocados os elementos para que a resposta possa ser encontrada. De outro lado se encontra o sistema draconiano, ou seja, do legislador que sabe, impõe, não distingue níveis nem circunstâncias. Estas duas concepções opostas do processo educativo evidentemente encontram seu paralelo na educação religiosa e moral. Neste caso há um complicador ainda maior, pois o patrimônio a ser veiculado não remete apenas a uma experiência adquirida, mas a uma revelação. Como "passar" esse conteúdo sem manipular? A resposta se torna ainda mais convincente quando se comparam dois tipos de educação – moral e religiosa – efetuados por personagens históricos. De um lado se encontram os fariseus, conhecedores de uma revelação pela lei de Moisés; de outro se encontra Cristo, que traz a revelação em plenitude. Os fariseus zelosamente querem impor os dados adquiridos, mas o fazem de modo autoritário, desumano, e por isso mesmo arbitrário; Cristo, ao contrário, deslumbra, desvela, fascina. Mas qual educador ousará sugerir que não tenha levado com perfeição sua tarefa? São duas pedagogias diante de uma mensagem ao menos teoricamente idêntica. Uma é ameaçadora, burocrática, inflexível; outra é encantadora, experiencial, compreensiva no sentido mais profundo do termo. Em uma há uma espécie de fideísmo repetitivo; em outra, uma fidelidade divinamente criativa. A formação da consciência cristã só pode vingar nesse modelo de Cristo; em outros se transforma em "de-formação".

2) Consciência e norma moral

Um dos veículos formadores da consciência é a norma moral (cf. VIDAL, 1975: 310s.). A correlação entre as duas ora vem apresentada em termos de oposição, ora em termos de concordismo. Para os partidários do liberalismo, a norma não tem nada a ver com a consciência. Pelo contrário, ela mataria a consciência e a liberdade. Portanto, mataria também a responsabilidade. Para eles, quem apregoa uma moral de responsabilidade não poderia apregoar uma moral normativa. Para os partidários do rigorismo moral, a norma representaria o critério objetivo da moralidade. A consciência representaria o critério subjetivo. O concordismo sugere que a verdadeira consciência sempre vai se sintonizar com a norma moral objetiva. Entretanto, as coisas não são tão simples assim. A oposição entre consciência e norma ou é artificial ou é fruto de um mal-entendido. Por isso mesmo, é preciso definir melhor o que se entende por consciência e o que se entende por norma moral. Só assim será possível escapar ao mesmo tempo do concordismo fácil e do liberalismo subjetivista.

A verdadeira consciência nunca pode ser identificada com o subjetivismo. Ela é fruto de uma busca incansável, de um "diá-logo" constante no sentido que a própria etimologia sugere. Diálogo vem de *diá-legein* (*logos*). Isso significa ler através de, recolher ao longo do "dis-curso". Pode significar ainda recolher dentro de si e elaborar aquilo que se apresenta como diferente. Sendo assim, na formação da consciência existe sempre um processo criativo em que os vários elementos são sopesados, ruminados e assimilados. A verdadeira norma moral não pode, sem mais nem menos, ser confundida com sua formulação. Esta carrega as marcas do sujeito que a estrutura, enquanto que o conteúdo da norma moral remete para uma fonte mais profunda. A verdadeira norma moral não é externa, mas aponta para o humano; assim o é à medida que for expressão de um valor. Os valores morais, principalmente quando são entendidos como evangélicos, esses sim são normativos no sentido próprio do termo; as leis ou normas morais o serão à medida que forem fiéis à decodificação dos valores.

Na formulação das normas morais ocorre algo semelhante à tradução de uma língua para outra, com a utilização de códigos: um código-fonte e um código-destino. Só pode ser bom intérprete (tradutor) aquele que domina simultaneamente o código-fonte e o código-destino. Em relação aos valores morais existe um único Mestre e um único intérprete perfeito: Jesus Cristo. Ele não apenas tem o domínio dos dois códigos – o humano e o divino – como também se identifica com eles. Na formulação das normas morais os demais intérpretes serão melhores ou piores à medida que se deixarem embeber pelo Espírito e estiverem em comunhão com o verdadeiro intérprete dos valores morais.

Por fim, poderíamos dizer que a fonte da norma moral e da consciência é a mesma, pois em seu nascedouro está Deus com seus projetos. O ser humano, quando confrontado com sua consciência radical, reconhece que não é ele o criador dos valores morais; sabe que não lhe compete decidir sobre isso. Entretanto, também sabe que sua tarefa primordial consiste em "des-velar" os valores que por vezes se esconderam nas normas. Se assim o fizer, as normas morais o ajudarão a assumir sua consciência e, ao mesmo tempo, os projetos divinos a seu respeito e a respeito de toda humanidade. Assim, desaparecem tanto a oposição artificial entre norma e consciência quanto o concordismo também artificial e improdutivo. Surge então uma consciência verdadeira dentro de uma moral de responsabilidade, que tanto responde aos projetos divinos quanto aos apelos da consciência, pois no fundo se tocam.

3) Consciência e Magistério

Antes de mais nada, não pretendemos em tão poucas considerações abordar o Magistério na Igreja em sua totalidade. Nossas considerações pressupõem o que é normalmente conhecido sobre isso: Magistério ordinário e extraordinário; papal e do colégio episcopal; episcopal, de cada bispo em comunhão com o papa e com seus irmãos no episcopado; assentimento interno e externo. Essas distinções são de importância vital para se poder evitar uma série de problemas. Mas, dadas essas pressuposições, queremos simplesmente esclarecer melhor a consciência diante de certas situações e dificuldades reais ou aparentes. O Magistério é, indiscutivelmente, um dos dons do Espírito concedidos à Igreja de Cristo. Com as tarefas de encorajar os fiéis no seguimento de Cristo e iluminar um caminho por vezes obscuro, o Magistério pode ser comparado a uma grande luz carregada por mãos frágeis. Paradoxalmente, essas funções se tornam tanto mais problematizadas quanto mais necessárias. Nos períodos de transições profundas é que o paradoxo se concretiza com mais intensidade. Por um lado o Magistério traz luz; por outro, questionamentos. Por um lado tranquiliza; por outro, inquieta e interpela.

Não vem ao caso introduzir distinções superficiais entre aqueles que seriam dóceis à voz do Magistério e aqueles que seriam indóceis. Pois nesse caso seria difícil entender certas atitudes de Paulo diante de Pedro ou outros episódios históricos. Mesmo na pressuposição de boa vontade e de busca sincera da verdade, surgem, por vezes, tensões entre consciência e Magistério. A solução para tais tensões deveria ser buscada naquilo que dá a possibilidade da emergência tanto do Magistério quanto da consciência verdadeira: o Evangelho. Ademais, as questões se tornam mais fáceis de ser resolvidas quando os termos são bem situados desde o início. Assim, o Magistério não é algo que paira sobre a Igreja e sua vida; pelo contrário, só pode ser entendido devidamente na dinâmica de uma Igreja que caminha na história. É, assim, uma função dentro da Igreja e ao mesmo tempo dentro do mundo e da história. Enquanto função dentro da Igreja, ele se articula com o *sensus fidelium*; enquanto função no mundo se articula com o que existe de bom e verdadeiro; enquanto função na história se articula com a experiência da humanidade.

O Magistério é, acima de tudo, um serviço na busca do conhecimento da vontade de Deus e de sua efetivação histórica. Nesse sentido, ele também sempre está a serviço da consciência e quer ajudar os fiéis a serem fiéis à consciência deles mesmos. Assim sendo, as tensões entre consciência e Magistério não podem ser consideradas normais no cotidiano. Tratam-se, antes, de situações-limite, nas quais a consciência e o Magistério, guardando sua referência fundamental ao Evangelho, situam-se no plano da concretização histórica. O juízo da consciência visa mais à conduta concreta, enquanto que o Magistério visa mais aos princípios. O juízo da consciência representa um juízo prático sobre o que deve ser feito ou evitado; o Magistério apresenta o que deveria ser, numa linha evangélica e de ideal. Por isso, voltamos a insistir que os conflitos propriamente ditos, além de relativamente raros, guardam uma referência fundamental que lhes é comum.

Entretanto, quando, apesar de tudo, ocorrem tensões, faz-se necessário analisar os porquês. Muitas vezes essas tensões nascem de uma falsa compreensão em relação ao conteúdo e ao significado dos ensinamentos do Magistério. Um espírito de fé realmente crítico evita muitos conflitos.

Também a distância entre "simples fiéis" e os que exercem uma função magisterial pode estar na origem de muitas incompreensões, pois ninguém pode amar o que não conhece. Nesse sentido, a aproximação e o convívio entre povo de Deus, teólogos e os que exercem uma função magisterial tem derrubado muitas barreiras e espantado muitos fantasmas. O diálogo verdadeiro é uma das formas privilegiadas da caridade fraterna e, por isso, como ela, remove uma multidão de pecados.

Conclusão

A consciência é ao mesmo tempo o que existe de mais humano e de mais divino nos seres humanos. Daí a preocupação para que sejam rasgadas as máscaras e emerja a consciência profunda. O capítulo 25 de São Mateus mostra qual será o critério último do juízo de Deus. Esse capítulo procurou mostrar ao mesmo tempo a profundidade da consciência humana e a sua dignidade: ela deve ser respeitada por todos, mesmo quando é caracterizada como errônea em relação às normas morais. Já a Moral dos manuais, entretanto, introduziu numerosas distinções ao falar de consciência: reta/errônea, certa/duvidosa, sadia/escrupulosa. O processo de conscientização nos faz entender que existem ainda outros aspectos a serem considerados: consciência ingênua, mágica, fanática, emergente, transitivo-ingênua, transitiva, transitivo-crítica... E poderíamos acrescentar: consciência pessoal, consciência comunitário-social, consciência eclesial...

No meio de tantas distinções surge uma certeza: sob todos os aspectos, a busca de uma consciência amadurecida no seio da comunidade se apresenta como um ideal a ser perseguido sem cessar. E é nessa busca constante que a Igreja deverá oferecer seus préstimos. Pois se é certo que o objetivo perseguido de uma nova humanidade passa pela transformação profunda de todas as estruturas humanas, ele também passa pelo nível das consciências. Elas são as antenas pelas quais são focalizados ou desfocalizados os projetos de Deus em Jesus Cristo.

9
Virtudes: a força de Deus atuando na fragilidade

À primeira vista, abordar o tema virtude em um livro que busca um novo rosto para a Teologia Moral parece ser um contrassenso, algo que aponta mais para o passado do que para o presente. E, além disso, numa época em que a grande quantidade de vícios na sociedade é apresentada como virtudes, a situação parece ficar ainda mais delicada. Estaríamos nadando contra a corrente? Entretanto, basta fazer uma simples pesquisa em algum site de busca para descobrir que um grande número de pensadores ainda tem gosto de abordar o tema. Nesse sentido é curioso que o *Nuevo Diccionario de Teologia Moral*, publicado em Madri em 1992 (portanto, relativamente recente) dedique 55 páginas ao tema. Que há uma tríade a ele dedicada: *Virtudes para um outro mundo possível* (BOFF, 2006), que se tornou sucesso. Que o recentíssimo *Pensar bem nos faz bem!* descreve com maestria essa dádiva (CORTELLA, 2014: 35). Por aí já se percebe que tudo depende de como ela é abordada e que tal trabalho se faz imperioso, justamente no contexto de crise no qual vivemos.

Para abordá-la com mais profundidade esquematizamos este capítulo em alguns tópicos importantes. Numa primeira seção a virtude será vista na trajetória do pensamento filosófico e teológico. Depois a repensaremos no contexto do Vaticano II, que ainda continua tendo o seu valor. A partir destes dois primeiros passos tentaremos responder aos desafios mais específicos de hoje. Tais enfoques não almejam apresentar apenas uma fisionomia mais risonha, mas sobretudo indicar o que parece ser o caminho da salvação da humanidade num momento crítico de sua história. Não pensamos apenas nos dramas ecológicos, por mais ameaçadores que sejam. Pensamos principalmente na convivência "humana" das pessoas e dos povos entre si, como também da humanidade com o cosmos. A virtude pode amalgamar as criaturas neste mundo tão cheio de conflitos, no qual o progresso tecnológico parece até se contrapor ao progresso nas relações humanas.

9.1 Algumas marcas deixadas por grandes pensadores

Não vem ao caso fazer aqui um longo tratado histórico-teológico das virtudes, uma vez há vasta bibliografia sobre ela. Para o propósito central que nos propomos neste livro, que é o de tentar delinear alguns traços que podem oferecer um novo rosto para a Teologia Moral, basta fazer alguns acenos, ressaltando certas tônicas.

O fato é que dificilmente um grande pensador, de um modo ou de outro, poderia silenciar sobre as virtudes. Como também nenhum grande pensador poderia deixar a Ética à sombra. As interpretações e acentos podem ser diferentes, mas quem tematiza o humano não pode deixar de caracterizar exatamente isto: Quais são os grandes traços de uma pessoa para que possamos denominá-la humana? Como também não podemos deixar de nos perguntar pelo que desumaniza. Umas atitudes são consideradas expressão do humano e outras expressão do desumano. Umas traduzem o que denominamos santo, ou pessoa de bem, enquanto outras manifestam monstruosidade, ou pessoas carregadas de maldade.

Virtudes e vícios são como que duas faces de um mesmo espelho. Inclusive até no próprio elenco de algumas virtudes vamos perceber que elas são o contraponto dos denominados pecados capitais.

Não deixa de ser interessante que não apenas Platão e Aristóteles acentuam que pessoa virtuosa é aquela que cultiva, com perseverança e continuidade, a sabedoria, a coragem, a temperança e a justiça, mas até escolas que se distanciaram dos dois grandes filósofos, como o epicurismo e o estoicismo, conjugam vida virtuosa com o aprimoramento do ser humano; ora acentuando o sentido intelectual, ora o sentido moral. É verdade que enquanto uns conjugam vida virtuosa com realização, felicidade, outros a conjugam com ascese, racionalidade no pensar e no agir, como é o caso de Kant. Mas o interessante é perceber que uma tônica volta em quase todas as correntes filosóficas: as virtudes são entendidas no plano deontológico, ou seja, do dever, e na virtude há algo que aponta para a força divina agindo na fragilidade humana. E, por isso mesmo, bondade ou maldade não remetem para os instintos, mas muito mais para a vontade. Por isso, para ser virtuosa uma pessoa tem que fazer exercícios e praticar atos que vão moldando sua personalidade.

Virtude também está associada ao vigor interno (*Areté*, em grego; *virtus*, em latim) de quem sabe enfrentar os desafios com prudência. Daí o ditado corrente de que a virtude não se encontra nos extremos, mas no meio (*virtus in medio*). Outra constante é a de que a virtude não diz respeito apenas ao "eu" sozinho, mas ao "eu" relacionado com o "tu" pessoal ou social.

Além do sempre de novo citado Aristóteles com sua obra *Ética a Nicômaco*, na qual apresenta um verdadeiro tratado sistemático, os Padres da Igreja, ao traçarem o caminho do seguimento de Jesus Cristo, também indicam uma série de qualidades morais que devem ser cultivadas. A contraposição entre o "velho" e o "novo homem" resume o que depois será explicitado como vícios e virtudes. Santo Ambrósio no seu *De officiis ministrorum* já trabalha na pressuposição do que depois passa a ser denominado virtudes cardeais: prudência, justiça, fortaleza e temperança. E Santo Agostinho, por sua vez, insiste: o amor que de Deus recebemos deve ser a virtude permanente a guiar a vida cristã (*Enarrationes in*

Psalmos, 83, 11). Porém, o que vai marcar mais profundamente o tratado das virtudes ao longo dos séculos são naturalmente as colocações de Santo Tomás de Aquino. Além das virtudes teologais ele vai distinguir entre hábitos constitutivos e operativos, entre virtudes intelectuais, que têm como objetivo a busca da verdade, e virtudes morais, que têm como objetivo o bem. Sendo imagem de Deus, o ser humano é revestido de virtudes "infusas", fé, esperança e caridade, e deve adquirir outras como fruto da cooperação humana. E este foi mais ou menos o caminho seguido também pelos manuais neoescolásticos.

9.2 Sob a inspiração do Concílio Vaticano II

Como já vimos no capítulo 4 ("A Teologia Moral sob a inspiração do Vaticano II: sinais dos tempos"), o clima gerado por ocasião do Concílio Vaticano II e os textos que daí resultaram obrigaram na prática toda a Teologia a se repensar. E dentro desse contexto seria de esperar também uma nova abordagem no tocante às virtudes. A rigor, se ficarmos apenas com o *Catecismo da Igreja Católica*, o que percebemos foi apenas uma nova sistematização daquilo que já podia ser encontrado nos manuais da neoescolástica. Mas como não podemos ficar apenas com textos oficiais – sobretudo, no caso, o Catecismo, que tem como objetivo condensar o que é mais decisivo para a vida cristã –, convém darmos dois passos. No primeiro, apresentar o conteúdo do Catecismo; no segundo, levantar algumas questões que parecem fugir da doutrina oficial, mas que na realidade vão ajudar a contextualizá-la.

1) A sistematização do Catecismo

O Catecismo apresenta uma série de referências esparsas e um tratado bastante curto sobre o tema. As referências esparsas vão oferecer uma definição, ressaltar que são obras do Espírito Santo (§ 798) e que todas têm sua origem e forma na caridade (§ 25, 23, 46), mas que devem ser trabalhadas na catequese (§ 1.697) e no processo da educação da fé em geral (§ 1.784, 2.223). Além disso, são feitas referências à castidade (§ 2.337, 2.341, 2.345, 2.347, 2.349), à solidariedade (§ 1.942, 1.948) e à verdade (§ 2.468-2.469).

A apresentação sistemática se encontra entre os § 1.803 e 1.845. Depois da definição de virtude como "disposição habitual e firme para fazer o bem" e acentuar, com uma frase de São Gregório de Nissa (Beat., I: PG 44, 1200 D.), afirmando que o objetivo da vida virtuosa é tornar-se semelhante a Deus, segue um esquema que pode ser denominado "clássico". Parte das virtudes humanas; apresenta as virtudes cardeais; em seguida as teologais, para terminar ressaltando os dons e frutos do Espírito Santo. No que se refere às virtudes humanas, definidas como "atitudes firmes, disposições estáveis, perfeições habituais da inteligência e da vontade que regulam nossos atos [...]", afirma-se que as virtudes morais são adquiridas humanamente (§ 1.804). No tocante às virtudes cardeais, ou seja, prudência, justiça, fortaleza e temperança, adquiridas pela educação e pelo exercício perseverante, elas vêm definidas de maneira muito sintética: "A prudência é a virtude que dispõe a razão prática a discernir, em qualquer circunstância, nosso verdadeiro bem e a escolher os meios adequados para realizá-lo" (§ 1.806); "a justiça é a virtude moral que consiste na vontade constante e firme de dar a Deus e ao próximo o que lhes é devido. A justiça para com Deus chama-se 'virtude da religião'. Para com os homens ela nos dispõe a respeitar os direitos de cada um e estabelecer nas relações humanas a harmonia que promove a equidade em prol das pessoas e do bem comum" (§ 1.807). "A fortaleza [...] dá a segurança nas dificuldades, firmeza e constância na procura do bem" (§ 1.808). "A temperança [...] modera a atração pelos prazeres e procura o equilíbrio no uso dos bens criados" (§ 1.809). As virtudes teologais, fé, esperança e caridade, por sua vez, são as que "adaptam as faculdades do homem para que possa participar da natureza divina. Pela fé "[...] cremos em Deus e em tudo o que nos disse e revelou e que a Igreja propõe para crer [...]. Importa não apenas guardá-la, mas testemunhá-la e colocá-la em prática pelas obras" (§ 1.814). "Pela esperança, âncora da alma, manifestamos o desejo da Vida Eterna e colocamos nossa confiança nas promessas de Cristo" (§ 1.817). Finalmente, pela caridade, demonstramos que "amamos a Deus sobre todas as coisas, por si mesmo, e a nosso próximo como a nós mesmos, por amor de Deus"

(§ 1.822). Por este novo mandamento "percebemos que ele é o vínculo que abarca todas as virtudes, sendo a primeira das teologais e a maior de todas" (§ 1.827).

2) Documentos de Puebla e Aparecida

Aqui nos interessa mostrar sinteticamente as virtudes como expressão de uma vida inserida na Igreja e na sociedade. Para isso, a inspiração do Vaticano II não pode ser devidamente avaliada se não fizermos ao menos algumas referências aos desdobramentos que surgiram, por exemplo, nos documentos das conferências episcopais latino-americanas, mormente no de Puebla e no de Aparecida. Sem isso poderíamos ter a sensação de que o tratado das virtudes seria como que um apêndice da Teologia Moral, sem conexão com a vida da Igreja no mundo de hoje e nas circunstâncias históricas em que se encontra. As virtudes não são para ser guardadas numa espécie de relicário, mas, pelo contrário, se forem verdadeiras virtudes irão se manifestar em atitudes concretas da vida da Igreja e da sociedade. É assim que não deixa de ser interessante a observação do Documento de Puebla, no n. 5.4, onde reconhece que muitas vezes as virtudes teologais foram apresentadas numa perspectiva assistencialista, aptas a serem manipuladas ideologicamente pelos opressores, uma vez que a finalidade delas consistia em fortalecer os pobres para que pudessem suportar as injustiças presentes. Ou seja, pode-se dizer que Puebla desideologiza as virtudes teologais. Isso fica muito patente em algumas afirmações que vale a pena transcrever neste contexto por contextualizarem as virtudes, mostrando sua operacionalidade concreta: "A Igreja condena aqueles que tendem a reduzir os espaços da fé à vida pessoal ou familiar, excluindo a ordem profissional, econômica, social e política, como se o pecado, o amor, a oração e o perdão não tivessem aí relevância" (§ 515). A esperança, por sua vez, não consiste em cruzar os braços e deixar acontecer, mas em "forjar a história de acordo com a 'práxis' de Jesus..." (§ 279), pois nele encontramos a "atitude de total confiança [no Pai] e ao mesmo tempo de máxima corresponsabilidade" (§ 276). Também a salvação, apresentada tradicionalmente numa dimensão estritamente individual, desencarnada e a-histórica – apta a ser ideologizada para mascarar realidades injustas –, é apresentada numa dimensão histórica e política: "Todavia, esta salvação tem 'laços de união muito fortes' com a promoção humana em seus aspectos de desenvolvimento e libertação (EN 31), que são parte integrante da evangelização. Tais aspectos brotam da própria riqueza da salvação e do agir da caridade de Deus em nós, à qual esses aspectos se subordinam" (§ 355).

O Documento de Aparecida, dado o seu contexto eclesial e social, ultrapassou as expectativas, também no que se refere à compreensão das virtudes como experiência de vida. A maneira de apresentar as virtudes como expressão de vida de fé, esperança e caridade no seio da história dos povos sofridos é tão acentuada, que de alguma forma seria temerária qualquer síntese. Vamos novamente nos contentar com a referência de algumas passagens mais significativas. Assim, ao lermos o § 55 já temos um enfoque mais do que esclarecedor do que significa vida virtuosa: "A ênfase na experiência pessoal e no vivencial nos leva a considerar o testemunho como componente chave na vivência da fé. Os fatos são valorizados quando são significativos para a pessoa. Na linguagem testemunhal podemos encontrar um ponto de contato com as pessoas que compõem a sociedade e delas entre si". O mesmo se percebe no § 98: "Queremos recordar o testemunho valente de nossos santos e santas, e daqueles que, inclusive sem terem sido canonizados, viveram com radicalidade o Evangelho e ofereceram sua vida por Cristo, pela Igreja e por seu povo". A mesma tônica é retomada no § 118: "No seio de uma família a pessoa descobre os motivos e o caminho para pertencer à família de Deus. Dela recebemos a vida, que é a primeira experiência do amor e da fé. O grande tesouro da educação dos filhos na fé consiste na experiência de uma vida familiar que recebe a fé, a conserva, a celebra, a transmite e dá testemunho dela". Ou então no § 237: "A presença da Igreja entre as religiões não cristãs é feita de empenho, discernimento e testemunho, apoiados na fé, esperança e caridade teologais". Enfim, como exemplo do que se poderia denominar de "novas virtudes" vamos encontrar o sentido de pertença, convivência, amizade, gratuidade, comunhão, subsidiariedade... (§ 539). E na conclusão, onde a tônica é o "fica conosco, Senhor, que já é tarde", se vê um elenco não convencional de virtudes.

Com todo este retrospecto, a ida do Papa Francisco a Aparecida por ocasião da Jornada Mundial da Juventude não deixa de ser mais do que significativa, quando se sabe que o texto do Documento de Aparecida passou por suas mãos. Assim, não surpreende seu elenco de virtudes na homilia ali pronunciada: conservar a esperança, deixar-se surpreender por Deus e viver a alegria. "O cristão não pode ser pessimista! Não pode ter cara de quem parece num constante estado de luto. Se estivermos verdadeiramente enamorados de Cristo e sentirmos o quanto Ele nos ama, o nosso coração se 'incendiará' de tal alegria que contagiará quem estiver ao nosso lado."

9.3 Algumas abordagens teológicas atuais

Procuramos mostrar neste capítulo que as virtudes não existem em si mesmas. Elas são como molduras que recebem pinturas diferentes, de acordo com os novos desafios que vão surgindo, seja na vida eclesial, seja na vida social. Uma comparação com os Dez Mandamentos vai ilustrar bem a necessidade de uma hermenêutica que apresenta tônicas bastante diferentes no decorrer dos tempos. Eles foram "gravados" na pedra, mas não são sinônimo de imobilismo, e sim de vitalidade e dinamicidade. A moldura dos mandamentos não muda, mas sua interpretação pode variar bastante no que se refere às tonalidades. Assim, por exemplo, "Amar a Deus sobre todas as coisas" sempre continuará sendo o primeiro mandamento. Mas logo surge uma primeira observação fundamental: A rigor, Deus não deu "mandamentos". Basta ler com atenção os escritos de São João, que não fala de mandamento, mas de herança, ou então de "legado" precioso, patrimônio. É isto que significa a palavra *entolé*: testamento, herança, tesouro. Além disso, de que Deus estamos falando? Uma era a compreensão predominante no Antigo Testamento, uma espécie de Deus dos raios e trovões ameaçadores; outra é a compreensão que o próprio Jesus nos oferece: Deus é Pai, com tudo o que isto significa.

Da mesma forma, até há algumas décadas o 6º mandamento não só soava de maneira terrivelmente negativa, como também bastante empobrecida. Hoje o imperativo mais condizente com a nossa compreensão antropológica e teológica aparece com cores bem mais suaves e convidativas, nas quais carinho, ternura, amizade é que dão a tônica. Ou seja, em vez de "Não pecar contra a castidade" vai aparecer o imperativo que indica a busca contínua de integrar a sexualidade em toda sua amplitude e profundidade. Não nos encontramos no nível dos atos, mas no nível da construção de uma personalidade e de uma sociedade.

Da mesma forma as virtudes – teologais ou morais –, tendo em vista os grandes desafios de hoje, apresentam-se revestidas com nova roupagem. Ser virtuoso na atualidade traz alguns imperativos existenciais que os nossos antepassados nem poderiam perceber como tais. Assim, por exemplo, uma pessoa virtuosa hoje deverá, antes de mais nada, estar atenta aos sinais dos tempos, aos desafios e urgências que não existiam até há pouco tempo. Basta pensar na Ecologia. A tomada de consciência sempre maior de que corremos sérios riscos de destruir nosso *habitat* vai exigir da pessoa virtuosa não apenas conhecimentos teóricos sobre a problemática, mas se engajar na preservação da casa de todos. E à pergunta se um outro mundo ainda é possível?, a resposta poderá ser positiva, mas plena de alegria, confiança, humildade, paciência, respeito, tolerância etc. O importante é perceber que não nos encontramos diante de algum modismo, mas de verdadeiros imperativos que carregam promessas de vida ou ameaças de morte. É a proposta calcada em outra maneira de pensar, de sentir, de viver e conviver.

Algo parecido deve ser dito quando nos damos conta da problemática levantada pelos estonteantes avanços da Genética e das biotecnologias, sobretudo a partir do Projeto Genoma Humano, desenvolvido na década de 1990. Nele é possível perceber que não apenas existem inúmeros seres, das mais variadas espécies, mas que agora nós mesmos podemos eliminá-los, padronizá-los, tirando sua originalidade, ou então produzir seres e espécies nunca existentes e nunca imaginados. E mais do que isto: o próprio ser humano, assim como o conhecemos, tende sempre mais a desaparecer. Gerar filhos à "moda antiga", ou seja, por meio da relação sexual, passa a ser visto não como uma virtude, mas como uma verdadeira temeridade, uma vez que os riscos de deformações genéticas é real e que podem ser evitados pela transmissão da vida em laboratório. E ainda: os seres humanos podem ser programados não de acordo com os desejos de um casal, mas de acordo com os desejos de qualquer pessoa (MOSER, 2004). E o que dizer dos avanços significativos na conjugação dos seres humanos com máquinas que parecem cada vez mais inteligentes e parecidas com os seres humanos? (NICOLELIS & KURZWEILO, 2007; MURARO, 2009). Estas são apenas algumas referências de uma problemática que a cada dia nos surpreende, com inúmeras perguntas para as quais não temos respostas prontas, mas que exigem de nós muita "virtude", seja para compreender o que está acontecendo, seja para não se desesperar, seja para buscar soluções adequadas que evidentemente exigirão uma série de virtudes "novas": do estudo, do diálogo, da busca do sentido da vida nestes novos contextos, e assim por diante.

Conclusão

Se as virtudes são expressão de quem ousa enfrentar devidamente os desafios, escrever sobre elas também pode ser considerado virtude. Isto porque, à primeira vista, em vez dos tradicionais ícones em que elas são apresentadas como encantadoras donzelas, hoje, para muitos, talvez fosse mais adequado apresentá-las como velhas rabugentas. Isso não só porque carregam as marcas do "dever", mas porque carregam também as marcas de uma teologia e de uma espiritualidade ao mesmo tempo negativas e reacionárias. Elas eram apresentadas mais como uma espécie de freio do que de um motor de realização pessoal e social. Agora sua dignidade foi invertida, ou seja, o que era tratado como vício agora é apresentado como virtude.

Apesar de nos sentirmos forçados a dar um novo colorido ao que não pode ser abandonado por traduzir aquilo que a humanidade sempre buscou – caminhos de realização pessoal e social – parece ficar claro que a questão das virtudes é mais profunda do que pode parecer à primeira vista. Ela envolve concepções filosóficas, antropológicas, teológicas, espirituais... sempre marcadas pela necessidade de novas buscas. E mais, isso envolve até mesmo uma espécie de aceitação de que as virtudes são, na realidade, expressão de seres humanos inquietos e que, para não perderem o passo da história, veem-se obrigados a um repensamento contínuo, amplo e profundo.

Embora o aspecto de "roupagem" não seja totalmente inadequado, certamente não é o mais importante, pois não nos encontramos simplesmente diante da necessidade de adaptações de linguagem. Antes, estamos diante da necessidade de constantemente nos colocar a caminho para saber de onde viemos, onde estamos e para onde vamos. Ora, foi exatamente por se colocar sempre a caminho, julgando-se frágeis, que santos como Francisco de Assis e Teresa de Calcutá certamente não saberiam dizer muita coisa sobre o tratado das virtudes, mas foram pessoas que se transformaram em ícones delas. Como também não adianta pedir aos milhões de pobres que lutam para sobreviver, que pacientemente carregam sua cruz, para definirem a virtude. O importante é que eles levam vida virtuosa, com especial foco na paciência e na confiança em Deus. Por isso, as virtudes não dizem respeito apenas nem sobretudo a um tratado, mas são um desafio a ser construído com a graça de Deus.

10
Com o Papa Francisco uma nova primavera é possível?

Todos nos sentimos impressionados com o extraordinário desenvolvimento científico e tecnológico. Também nos maravilhamos com a capacidade de gerenciamento manifestada por homens e mulheres que comandam megaindústrias e megainvestimentos. Em relação ao mundo das comunicações também é inegável a presença daqueles que fazem história. No entanto, não se pode dizer o mesmo no que se refere à política. Se até há algumas décadas qualquer pessoa de cultura média era capaz de enumerar grandes líderes de várias nações e instituições, hoje, com muito custo, consegue-se trazer à mente algum nome. Algo parecido acontece com a Igreja Católica. É admirável a capacidade de um certo número de sacerdotes católicos de movimentar multidões. Mas, por mais paradoxal que isso possa parecer, tais lideranças religiosas não ultrapassam as fronteiras de onde atuam e não conseguem competir com um bom número de pastores evangélicos.

Neste contexto é que se entende o que representa hoje um homem de Igreja, que desde os primeiros momentos em que se apresentou no balcão da Basílica de São Pedro causou impacto e a cada dia reforça sua indiscutível liderança eclesial e mundial. Após os tempos áureos do Papa João Paulo II, quando ainda no vigor de suas forças, a sensação era a de um vazio desanimador. Não apenas as igrejas se esvaziaram, como também o seu descrédito aumentava. Claro que para isso colaboraram os muitos escândalos ocorridos dentro da instituição. Mas aparentemente o problema parecia estar nas altas esferas hierárquicas. Apesar da extraordinária inteligência do Papa Bento XVI e de sua valiosa contribuição teológica, aliada a uma personalidade que chamava a atenção pela piedade e pelo zelo pastoral, a Igreja Católica parecia não ter mais muito futuro. Um outro livro polêmico do teólogo Hans Küng (*A Igreja tem salvação?*) sugere que a Igreja Católica tem futuro, mas somente se houver uma drástica mudança de rota. Ora, hoje esta mudança não só parece possível, como já se encontra em andamento. De fato, em pouco tempo como líder, não apenas a figura sorridente e surpreendente do Papa Francisco se tornou uma estrela maior, que leva a uma incrível produção de biografias que se transformam logo em *best-sellers*, como também foi considerada a que teve mais destaque em 2013. As perguntas sobre como explicar esse fenômeno – e esta é a palavra certa, fenômeno – não podem ser respondidas com facilidade. E aqui não nos propomos a essa tarefa. O que nos importa é fazer algumas sinalizações de que, com Francisco, após um inverno bastante longo, vão se delineando mudanças eclesiais e teológicas. E dentro do contexto teológico vale a pena ter presente sobretudo a concepção eclesiológica, sem esquecer naturalmente a moral. As "tiradas" de cunho moral deixam pasmas muitas pessoas. Ao mesmo tempo em que cresce diariamente o número de seus admiradores, com certeza também cresce o número daqueles que se sentem inseguros e até mesmo perplexos. Afinal, onde quer chegar este homem, com gestos e palavras que parecem sacudir não só a Pastoral e a Teologia, mas as próprias estruturas da Igreja? Diante disso convém, em primeiro lugar, nos determos um pouco sobre essa pessoa que fascina, interpela e inquieta. Em seguida convém observar seus gestos e colher dela palavras e expressões mais correntes. Essa busca nos possibilitará fazer um levantamento, ainda que breve, de seus escritos. E a partir desse mapeamento poderemos timidamente chegar ao que mais nos interessa neste capítulo: Francisco, de fato, está abrindo novos horizontes para a Teologia em geral e para a Moral em particular?

10.1 "Quem é este homem e de onde lhe vem tamanha sabedoria?" (Mt 13,54-58)

Há muitas maneiras de se conhecer uma pessoa e tantas outras o seu pensamento. O caminho mais comum, quando se trata de um teólogo, é recolher suas falas e seus escritos. Entretanto, como em qualquer outro ramo da ciência, na Teologia não podemos esquecer o "corpo" do respectivo cientista, pois ele é seu inconsciente visível, como também "o templo onde outros corpos mais sutis se abrigam [...] é nosso código mais intenso, um lar de profundas memórias. O corpo sente, toca, fala, comunga [...]" (LELOUP, 2014: 9; cf. WEIL & TOMPAKOV, 2013), revela a corporeidade e o histórico de uma pessoa. Em outros termos, não são apenas os traços físicos que propiciam a interpretação das ideias; igualmente é preciso estar atento ao que um determinado corpo irradia. É isto que caracteriza a personalidade. Esta é como um livro virtual: não pode ser apalpado, mas está presente na tela e pode ser lido com maior ou menor dificuldade. Mas para ler e entender o que está escrito na tela é preciso estar atento ao que se encontra escondido no texto, suas entrelinhas. E isto só é possível quando se está atento ao conjunto do livro: o autor, o seu corpo, a sua história, a sua trajetória (SANTAELLA, 2004).

Não é por nada que hoje se dá grande importância à linguagem e à semiótica. Os seres humanos sempre se comunicaram por sinais, por gestos, sons, símbolos ou palavras, expressando ideias, pensamentos, sentimentos e significados. Com razão se diz que a linguagem, em sentido amplo, para além das palavras, é a alma da comunicação e possibilita aos seres humanos se transformarem em sujeitos, assumindo, ao mesmo tempo, um lugar social e cultural. Por isso não é ousado dizer que em grande parte somos o que nosso corpo expressa, como também somos o que as outras pessoas interpretam olhando para nosso corpo, pois ele é "nossa memória mais arcaica". No corpo nada fica esquecido. Cada acontecimento vivido por uma pessoa imprime nele marcas profundas (LELOUP, 2014: 15). Ademais, para além das palavras, dos gestos, dos olhares, das expressões corporais, hoje se tem consciência de que as pessoas são portadoras de energias positivas e negativas, estabelecendo imediatamente laços de simpatia ou de antipatia. Isto significa ao menos duas coisas: 1) O corpo também é produto da linguagem, e não somente da genética. 2) Ele é a expressão de uma história e trajetória de vida. Como centro de informações para nós mesmos, nossos corpos vão armazenando, como num disco rígido, todas as impressões externas e internas. Ao mais pequeno toque todas essas informações se tornam disponíveis. Basta ter a capacidade de observação para, a partir de seu corpo, fazer uma leitura do presente, do passado e até certo ponto do futuro de uma pessoa. Pelos nossos corpos não só construímos nossa história, mas também a escrevemos e a revelamos a quem souber lê-la.

1) Eu sou Francisco, bispo de Roma

Por esta ninguém esperava. O Cardeal Bergoglio não constava na lista dos *experts* como um dos papáveis, mas... Segundo se diz, Bergoglio já deixou aturdidos os encarregados do cerimonial quando ainda antes de aparecer na sacada da Basílica de São Pedro rejeitou uma espécie de capa preciosa destinada a ornar seus ombros.

Provocou um primeiro impacto quando apareceu vestido apenas de uma túnica branca, muito simples, sobre a qual se destacava um crucifixo de prata, e não de ouro, como era praxe. Este misto de espanto e de surpresa foi reforçado quando, depois de um breve silêncio, um largo sorriso iluminou seu rosto, e deixando de lado todas as formalidades, saudou a todos com um "boa-noite". E houve mais uma surpresa – e esta com grande densidade eclesiológica e teológica – quando se apresentou como alguém vindo do "fim do mundo" e que foi escolhido para ser simplesmente o "bispo de Roma". Com isto deixava de lado outros títulos pomposos herdados dos príncipes medievais e resgatava o passado da Igreja nascente, quando não existia papa no sentido histórico da palavra, mas simplesmente um "bispo de Roma", com a primazia na caridade em relação às demais igrejas.

O anúncio do nome causou outro impacto imediato: "seu nome é Francisco", nome inédito na história dos papas, mas o nome de um santo que foi escolhido pela *Revista Time* na virada do século como o homem que marcou mais profundamente todo o milênio passado. Logo no dia seguinte, 16 de março de 2013, Francisco mesmo se encarregou de esclarecer que se tratava de Francisco de Assis, e não de Francisco Xavier, por sinal um grande missionário jesuíta que atuou no Oriente na primeira metade do século XVI. Conforme relatou aos jornalistas, escolheu Francisco de Assis porque ele "era um homem da pobreza e da paz. Como eu, queria uma Igreja pobre e para os pobres".

Significativamente, até em documentos oficiais, como é o caso do *Evangelii Gaudium*, ele assina simplesmente Francisco. E ponto. Esta entrada em cena já estabeleceu uma tônica na qual gestos e palavras foram reforçando a imagem de que, como Francisco de Assis, ele tinha ouvido a voz do crucifixo de São Damião: "Vai e reconstrói a minha Igreja". Nos dias que se seguiram foram-se somando sempre novos sinais de que ele veio para trazer novos ares, e praticamente a cada dia surge um surpresa.

Mas a primeira grande manifestação do seu incrível carisma se deu na visita ao Brasil para a Jornada Mundial da Juventude. Desde a descida do avião no dia 22 de julho de 2013 até a despedida, uma semana depois, ele simplesmente levou o povo ao delírio. Lembrava a entrada triunfal de Jesus em Jerusalém, e certamente causou inveja a muitos políticos. Multidões se aglomeravam ao longo dos trajetos, e na celebração maior na praia em Copacabana, mais de 3 milhões de pessoas acompanharam devotamente o desenrolar da longa cerimônia. As improvisações não conseguiram diminuir a euforia que tomou conta de todos. Ao longo da semana que permaneceu aqui, com gestos simples – como o de trocar seu solidéu com o de um anônimo –, teve uma acolhida que ninguém poderia imaginar. Somando os gestos às palavras, aos discursos e homilias, ele transformou aquela jornada no maior evento de nossa história religiosa.

2) Um comunicador com linguagem simples e convincente

Como apontamos anteriormente, hoje se dá muita importância à linguagem do corpo. Livros com título relacionado ao corpo, como *O corpo fala*, têm venda garantida. Isso se deve a muitos fatores, inclusive ao culto do corpo. Mas isso também está associado ao desenvolvimento das ciências humanas, que foram descobrindo sempre novos aspectos relacionados a ele, possibilitando leituras sempre mais ricas a seu respeito. A maneira de andar, a maneira de olhar, a maneira de gesticular, as expressões fisionômicas e tantas outras expressões falam até mais do que as palavras. O bom comunicador não precisa ser forçosamente um bom orador, no sentido usual da palavra, ou possuidor de grande saber. Ele é aquele que toca os corações e transmite a mensagem com a sua simples presença. Este é certamente o caso de Francisco. Sua estatura, o formato do rosto, o eterno sorriso... não deixam dúvidas: ele é um comunicador nato. Pode ter desenvolvido a arte ao longo da vida, mas já de longe traz em si esse carisma. Entretanto, o comunicador que é Francisco só pode ser devidamente interpretado quando se tem presente, ainda que brevemente, sua trajetória. Em poucas palavras: deixa uma carreira universitária na área de Química para abraçar a vida religiosa como jesuíta. Nessa ordem exerceu várias atividades, inclusive – quando ainda era novato nela – a de ministro provincial da Argentina, o que não é pouco. Ao longo de sua trajetória, até ser nomeado bispo auxiliar de Buenos Aires em 1992, e mesmo depois de ser nomeado cardeal em 2001, foram se manifestando sempre mais algumas características suas: compenetrado e alegre; compreensivo e exigente. Mas o que parece mais característico já era muito bem conhecido pelos habitantes de Buenos Aires: a humildade e humanidade de um alto dignitário da Igreja, que apesar de cardeal e membro de seis importantes dicastérios em Roma, andava a pé, de ônibus e de metrô. Não há dúvida de que o extraordinário comunicador que agora o mundo inteiro conhece sabe conjugar muito bem a linguagem corporal com as próprias palavras, ao mesmo tempo simples e convincentes. Por isso, após os acenos que fizemos sobre sua figura, que com gestos surpreendentes transmite sua mensagem evangélica, agora daremos um pouco mais de atenção às suas falas e a seus escritos.

De antemão é preciso deixar claro que, a rigor, as obras que aparecem com seu nome ou são de sua coautoria ou fazem parte de coletâneas de artigos, homilias e palestras, todas marcadas por forte espiritualidade. Isso não significa que ele não tenha reconhecida consistência teológica. Basta ter presente que Bergoglio foi o presidente da comissão de redação do documento final da V Conferência Latino-Americana de Bispos, ocorrida em Aparecida em 2007. Concretamente, era conhecido e reconhecido entre seus pares como uma figura de destaque. Uma simples busca na internet apresenta umas duas dezenas de obras desse estilo. Elaborado mesmo como livro, ainda que com apenas cinquenta páginas e com a inclusão de alguns textos buscados de homilias e palestras, é o que leva o significativo nome *Corrupção e pecado – Algumas reflexões a respeito da corrupção*. Por isso mesmo, vale a pena nos determos um pouco sobre esse texto, que revela muito da sua concepção teológica e moral. Partindo da constatação de um fato, da presença da corrupção em toda parte, sem esquecer a Argentina, estabelece um paralelo da corrupção com o pecado. Começa como que ressaltando um lado positivo de quem se reconhece pecador: "Pecador, sim, como dizia o publicano no templo" (p. 8). É que o pecador pode gozar da misericórdia de Deus, à medida que reconhece sua fraqueza e pede perdão. Isso não acontece com o corrupto. Existem dois níveis de corrupção: a pessoal e a social, que remete para a pessoa. Embora a corrupção esteja intrinsecamente ligada ao pecado, não pode ser confundida com ele. Hoje se diria que ela vai sendo construída à medida que o pecador reincidente já não se reconhece como tal. "O pecado, especialmente quando é reiterativo, conduz à corrupção, mas não quantitativamente, e sim qualitativamente, por criação de hábitos que vão deteriorando e limitando a capacidade de amar, encolhendo cada vez mais a referência do coração a horizontes mais próximos de sua imanência, de seu egoísmo" (p. 17). Daí se poderia dizer que "o pecado se perdoa, a corrupção não pode ser perdoada [...]. O corrupto não percebe sua corrupção [...]" (p. 18-19). E aqui aparece um traço típico do corrupto: acaba se justificando, se exaltando, numa espécie de triunfalismo, que o leva a se considerar como que um juiz dos outros (p. 25, 27, 31). Mas infelizmente esse tipo de corrupto não existe apenas "no mundo", mas aparece até na vida religiosa e na Igreja (Homilía de la misa celebrada en la Casa Santa Marta, 03/06/2013).

10.2 Não é teólogo de profissão nem administrador, mas interpela uns e abala outros

Pelo que podemos concluir do exposto anteriormente, para penetrarmos mais profundamente no pensamento de Francisco não podemos nos ater aos escritos referidos. E por outro lado, após um ano de pontificado, já são muitas as falas para que todas sejam vasculhadas para o objetivo a que nos propomos: conhecer e avaliar seu pensamento teológico, sobretudo no que se refere à Igreja e à Teologia. Talvez as melhores fontes, porque mais recentes e mais estruturadas, podem ser encontradas nos discursos e homilias pronunciados por ocasião da Jornada Mundial da Juventude, onde se descobre uma coerência interna, e naturalmente a *Evangelii Gaudium*, este sim um documento verdadeiramente elaborado como tal. No tocante ao documento *À luz da fé*, sabidamente foi elaborado pelo Papa Bento XVI, com pequenos retoques do Papa Francisco.

Para captar o pensamento teológico e sentir o que vai no coração de Francisco, buscar algumas palavras-chave é certamente um bom caminho.

1) Algumas palavras-chave – O que elas sinalizam

Na visita ao Brasil Francisco não apenas falou muito, como deixou à sombra alguns problemas que poderiam parecer candentes. Isto é muito significativo para quem busca desvendar a compreensão moral do Papa Francisco. Esse foi o caso dos *gays*, dos casais em segunda união e até mesmo do aborto. Embora no tocante aos *gays*, ainda como cardeal de Buenos Aires, ele tivesse se manifestado contra o denominado "casamento *gay*", aqui no Brasil só disse uma frase aos jornalistas, no retorno a Roma: "Se uma pessoa é *gay* e busca a Deus, quem sou eu para julgá-la?" Com a mesma habilidade enfrentou esta e outras questões. Disse que todos conhecem a doutrina da Igreja e que ele mesmo pertence à Igreja. Não é na direção da doutrina no sentido estrito que se encontrará uma nova postura teológica. Ao lado dos silêncios – porque não é necessário falar tudo – há uma série de palavras que, pela insistência da repetição, tem uma conotação significativa. Claro que só selecionamos algumas, indicando aproximadamente o número de vezes que ocorrem nos textos que escolhemos. Como ele mesmo fez questão de dizer que pensava com a Igreja, não causa surpresa que esta seja a palavra que mais ocorre nos referenciais que escolhemos: Igreja: 349 vezes (215 na *Evangelii Gaudium* (= EG) e 134 nos pronunciamentos feitos no Brasil); Cristo: 190 (103 na EG e 87 no Brasil); amor: 180 vezes (120 na EG e 60 no Brasil); coração: 146 vezes (75 na EG e 71 no Brasil); alegria: 130 vezes (93 na EG e 37 no Brasil); Evangelho: 92 vezes (67 na EG e 25 no Brasil). Graça, pecado, misericórdia, encontro, esperança, virtudes, pobre, serviço, ecumenismo, diálogo, oração, rua, esperança, alegria, solidariedade são outras palavras recorrentes. Nessa tabulação já é possível perceber sua tônica eminentemente pastoral e com o sabor das bem-aventuranças. Francisco se coloca longe dos casuísmos e dos rigorismos de qualquer espécie. Como Cristo, abraça de todo coração a pedagogia do fascínio, e não a do terror. A missão da Igreja é acolher a todos e a da Teologia apresentar as maravilhas de Deus, e não criar uma espécie de Deus terrível e ameaçador, disposto a condenar a todos. E muito menos cabe à Teologia Moral entrar em casuísmos sem fim, elencando uma lista sempre inacabada de pecados, quando Jesus reduziu todos os mandamentos a um só.

Mas para ampliar mais a compreensão da teologia de Francisco, convém lembrar algumas colocações, que, por sinal, foram abundantes na internet e se transformaram em espécie de bandeira até para blogueiros. Certamente Francisco não se ofende com isso, pois, no que se refere à comunicação informal, ele se parece com eles. Para localizar seus pensamentos basta acessar algum site de busca. Assim, se digitarmos, por exemplo, "Francisco e o pessimismo", logo encontraremos uma frase que diz tudo: "o cristão não pode ser pessimista, nem pode ter cara de quem parece em constante estado de luto" (Homilia em Aparecida, 3). Pelo contrário, o cristão deve ser alguém que alegremente vai ao encontro, cultivando uma verdadeira cultura, pela qual haja um intercâmbio de valores. Pois um discípulo de Cristo não é pessoa isolada em sua espiritualidade intimista, mas pessoa em comunidade. E essa espiritualidade leva ao encontro dos mais necessitados, de tal forma que "ninguém fique privado do necessário e que a todos sejam asseguradas dignidade, fraternidade e solidariedade [...]". É a partir destas tônicas que vai aparecer outra: a da preocupação com a justiça social. Neste particular vale a pena trazer uma longa citação:

> Queria lançar um apelo a todos os que possuem mais recursos, às autoridades públicas e a todas as pessoas de boa vontade comprometidas com a justiça social: Não se cansem de trabalhar por um mundo mais justo e mais solidário! Ninguém pode permanecer insensível às desigualdades que ainda existem no mundo! Cada um, na medida das próprias possibilidades e responsabilidades, saiba dar a sua contribuição para acabar com tantas injustiças sociais! [...] A medida da grandeza de uma sociedade é dada pelo modo como esta trata os mais necessitados, quem não tem outra coisa senão a sua pobreza! [...] Queria dizer-lhes também que a Igreja, 'advogada da justiça e defensora

> dos pobres diante das intoleráveis desigualdades sociais e econômicas, que clamam ao céu' (*Documento de Aparecida*, § 395), deseja oferecer a sua colaboração em todas as iniciativas que signifiquem um autêntico desenvolvimento do homem todo e de todo o homem [...]. E por trás de tanta exploração encontra-se uma nova forma de idolatria, que é a do dinheiro, e uma forma desumana de economia. [Visita à Comunidade da Varginha, 23/07/2013].

Por isso podemos dizer que, para Francisco, a verdadeira fé no Filho de Deus feito carne é inseparável do dom de si mesmo, da pertença à comunidade, do serviço, da reconciliação com a carne dos outros. Na sua encarnação, o Filho de Deus nos convidou à revolução da ternura.

2) Primeiros ensaios de interpretação do novo panorama eclesial e teológico que se abre

Para além dos abundantes gestos e das palavras retomadas com insistência, e mesmo para além de frases que viraram verdadeiras bandeiras até para blogueiros, passado um ano da posse de Francisco já começam a aparecer ensaios teológicos tentando interpretar essa verdadeira revolução que vai se esboçando. Para colher estas interpretações nada melhor do que ouvir o que alguns teólogos escrevem sobre vários ângulos e das novas perspectivas que se abrem para a Igreja, para a Teologia e até para a sociedade (cf. SILVA, 2014). Em primeiro lugar convém colher os comentários sobre a concepção eclesiológica que vai sendo desenhada. A "saída" é sem dúvida uma das ideias-força da concepção eclesiológica de Francisco. Essa "saída" não apenas aponta para o "êxodo", no sentido que para chegar à terra da promessa é preciso sair de si mesmo e abandonar sua terra. Poder-se-ia interpretar que a "saída" tanto aponta para o plano horizontal, no sentido de ir para as periferias existenciais, quanto para o plano vertical, ou seja, caminhar para Deus, devolvendo os talentos recebidos e trabalhados em favor dos outros (TORRALBA, apud SILVA, 2014: 84ss.). Mas há outros traços bem nítidos da eclesiologia de Francisco e que pode ser assim enunciada: De uma Igreja autorreferencial a uma Igreja nas periferias existenciais; De uma Igreja alfândega a uma Igreja samaritana; De uma Igreja prestígio e poder a uma Igreja pobre e dos pobres; De uma Igreja milagreira e providencialista a uma Igreja profética; De uma Igreja fechada na sacristia a uma Igreja acidentada por sair às ruas; De uma Igreja centralizadora a uma "Igreja de igrejas locais"; De uma Igreja clerical a uma Igreja toda ela ministerial; De uma Igreja regida por bispos-príncipes a uma Igreja de pastores com cheiro de ovelha (BRIGHENTI, apud SILVA, 2014: 13ss.). E também há possibilidade de acrescentar outros traços que podem ser extraídos do modo de pensar, falar, e proceder do Papa Francisco: uma Igreja "kenótica" e solidária: pobre e servidora dos pobres; uma Igreja atenta às questões sociais; uma eclesiologia de maturidade ministerial (SOUZA NETO & MORAES, apud SILVA, 2014: 159ss.). E por que não ressaltar a preocupação de Francisco em dar destaque à mulher, superando uma concepção eclesial e teológica por demais machista, e também em termos de ela ocupar cargos mais importantes, em instâncias decisivas (BINGEMER, apud SILVA, 2014: 145ss.).

Com isso se percebe que o Papa Francisco abre caminho para outro tipo de Igreja. Com efeito, foram necessários apenas alguns meses para que o mundo inteiro soubesse que o problema que mais o preocupa não é o "poder do papado", mas o "sofrimento dos pobres" e as causas que provocam esse sofrimento. Nessa fórmula reside a explicação e o segredo da mudança decisiva que a Igreja Católica está começando a viver no mundo (CASTILLO, apud SILVA, 2014: 111ss.). Obviamente, para que isso se torne possível é preciso vencer certas tentações que, se não forem enfrentadas, bloqueiam qualquer avanço: Alguns problemas e tentações são apresentados para ser enfrentados com coragem e sem lamúrias: evangelizar sem cara de funeral (EG 10) ou paralisados como múmias de museu (EG 83); não reduzir a fé a eventos e espetáculos tão comuns de nômades sem raízes (EG 29); enfrentar com profecia e firmeza teimosa: a economia da exclusão (EG 53-54), a idolatria do dinheiro (EG 55-60), a desigualdade que gera violência (EG 59-60), o narcisismo paralisante (EG 81-83), o pessimismo estéril (EG 84-85) e, sobretudo, não se deixar penetrar pelo mundanismo espiritual que gera funcionários religiosos carreiristas e vazios de Deus (EG 93). O Papa Francisco apresenta um conjunto de esperanças e luzes: acredita na renovação eclesial, fruto da ação do Espírito Santo (EG 27); acredita na colegialidade das igrejas e dos ministérios eclesiais cooperativos, pois a centralização excessiva, em vez de ajudar, complica a vida da Igreja e a sua dinâmica missionária (EG 32); acredita em um novo papel ativo de leigos (EG 102); acredita nas mulheres (EG 103); acredita nos jovens (EG 105); bota fé em todos que se assumem como discípulos missionários (EG 119) (ALTEMEYER JUNIOR, apud SILVA, 2014: 73ss.).

Ora, quem acredita em tudo isso só pode estar aberto para um diálogo ecumênico e inter-religioso, um dos desafios que se colocam com sempre maior força em nossos dias, dominados pelas divisões e não só pelas pluralidades: "O diálogo antecipa no tempo o sonho querido por Deus para o curso da história da humanidade: 'Uma viagem fraterna na qual nos acompanhamos uns aos outros rumo à meta transcendente que Ele estabelece para nós' (PCDI, 1994: 416)" (TEIXEIRA, apud SILVA, 2014: 62ss.). Não se trata, evidentemente, de um ecumenismo expresso num evento, mas de um ecumenismo que se traduz por uma atitude vivida no cotidiano (BERKENBROCK, apud SILVA, 2014: 182ss.).

Esta vocação para o diálogo ecumênico e inter-religioso fica muito bem expressa pelo próprio Francisco numa entrevista, dando um novo e sugestivo sentido ao título "Pontífice":

Um dos títulos do bispo de Roma é Pontífice, isto é, aquele que constrói pontes, com Deus e entre os homens. Desejo precisamente que o diálogo entre nós ajude a construir pontes entre todos os homens, de tal modo que cada um possa encontrar no outro não um inimigo nem um concorrente, mas um irmão que se deve acolher e abraçar. Além disso, as minhas próprias origens impelem-me a trabalhar por construir pontes. Na verdade, como sabeis, a minha família é de origem italiana; e assim está sempre vivo em mim este diálogo entre lugares e culturas distantes, entre um extremo do mundo e o outro, atualmente cada vez mais próximos, interdependentes e necessitados de se encontrarem e criarem espaços efetivos de autêntica fraternidade.

3) Ele dá início a uma reengenharia na Igreja

Pelas colocações feitas até aqui é possível perceber que em curto espaço de tempo se formou um clima propício para os teólogos trabalharem com mais liberdade, superando o clima anterior. Também é possível perceber nas entrelinhas do que vimos que, apesar de não ser administrador, Francisco inicia um processo de reengenharia para a própria Igreja. Com uma habilidade política surpreendente, vai tomando medidas há muito esperadas, e ao mesmo tempo por muitos temidas, sacudindo toda a estrutura da Igreja. E com certeza não poucos se recordam da passagem de São Lucas a propósito de São João Batista: "O medo apoderou-se de todos os vizinhos e o fato se espalhou por todas as montanhas da Judeia.

E todos que ouviam diziam pensativos: O que será deste menino? Pois a mão do Senhor estava com ele" (Lc 1,65-66). Para deixar isto mais evidenciado convém novamente começar com alguns gestos, para depois alavancar a análise com o aporte de teólogos.

No que se refere aos gestos, tudo começou com sua apresentação, no modo de se vestir, de falar, e sobretudo quando se autodefiniu como "bispo de Roma". Para bom entendedor, ali já foi lançada uma primeira amostra da Igreja que Francisco traz em seu coração e que deseja ver concretizada. Este é o título original dos primeiros tempos da Igreja: bispo de Roma, com a primazia na caridade em relação às outras igrejas. Já nos dias seguintes outras ações foram notadas no sentido de desmistificar a figura do "Sumo Pontífice" e de outros títulos honoríficos. Em decorrência disto, também em termos da resolução dos problemas da Igreja, afirma:

> [...] não se deve esperar do magistério papal uma palavra definitiva ou completa sobre todas as questões que dizem respeito à Igreja e ao mundo. Não convém que o papa substitua os episcopados locais no discernimento de todas as problemáticas que sobressaem nos seus territórios. Neste sentido, sinto a necessidade de proceder a uma salutar "descentralização" (EG 16).

Assim, tomando a resolução de descer do trono, anda de vã e de carro aberto, dá carona no papamóvel, veste-se como um franciscano moderno, ou seja, com roupas comuns; abraça, beija, deixa-se tocar, não tem medo do povo, abandona o palácio destinado aos papas e condivide a moradia com uns setenta sacerdotes, religiosos, religiosas e estudantes na Casa Santa Marta. Com isso, os "príncipes da Igreja" passaram depressa a se despojar de suas vestes pomposas, de suas cruzes douradas, anéis vistosos e começaram a imitar o bispo de Roma, achegando-se mais ao povo.

Aos gestos se seguiram também palavras mais do que ilustrativas da Igreja que Francisco sonha construir: inspirado na Capelinha de São Damião, como São Francisco, vai cimentando as pedras do edifício com palavras e até definições. Começa com a própria figura do papa e sua relação com toda a Igreja. Vale a pena ler todo este parágrafo da *Evangelii Gaudium*, 32:

> Dado que sou chamado a viver aquilo que peço aos outros, devo pensar também numa conversão do papado. Compete-me, como bispo de Roma, permanecer aberto a sugestões tendentes a um exercício do meu ministério que o torne mais fiel ao significado que Jesus Cristo pretendeu dar-lhe e às necessidades atuais da evangelização. O Papa João Paulo II pediu que o ajudassem a encontrar "uma forma de exercício do primado que, sem renunciar de modo algum ao que é essencial da sua missão, se abra a uma situação nova" (Encíclica *Ut Unum Sint*, 25/05/1995). Pouco temos avançado nesse sentido. Também o papado e as estruturas centrais da Igreja universal precisam ouvir este apelo a uma conversão pastoral. O Concílio Vaticano II afirmou que, à semelhança das antigas igrejas patriarcais, as conferências episcopais podem "aportar uma contribuição múltipla e fecunda,

para que o sentimento colegial leve a aplicações concretas". Mas este desejo não se realizou plenamente, porque ainda não foi suficientemente explicitado um estatuto das conferências episcopais que as considere como sujeitos de atribuições concretas, incluindo alguma autêntica autoridade doutrinal,. Uma centralização excessiva, em vez de ajudar, complica a vida da Igreja e a sua dinâmica missionária.

E termina esta longa citação convidando todos a serem ousados e criativos nas respectivas comunidades. A insistência sobre a necessidade de uma maior colegialidade também aparece em sua fala à CNBB: "A Igreja no Brasil necessita de "uma rede de 'testemunhos' regionais que, falando a mesma linguagem, assegurem, em todos os lugares, não a unanimidade, mas a verdadeira unidade na riqueza da diversidade" (Encontro com o episcopado brasileiro, 27/07/2013: 4).

A rigor, só estas citações de Francisco já seriam suficientes para garantir que não exageramos quando afirmamos que ele quer e está fazendo uma verdadeira reengenharia na Igreja, de cima até embaixo. Mas assim mesmo, também convém ouvir alguns teólogos, uma vez que Francisco pede colaboração, e não só dos bispos, das conferências episcopais, dos teólogos, mas de todo o povo de Deus. Basta ver o questionário aberto que enviou a todos os fiéis, pedindo sugestões para problemas que a Igreja enfrenta. Isso nunca aconteceu na história da Igreja Católica. Para começar, pode-se dizer que as mudanças colocadas em marcha por Francisco iniciam um novo estilo, impregnado de bondade e humanização, que implica três coordenadas concretas: 1) Tempo. 2) Espaço. 3) Governo. O tempo do Papa Francisco não é para a cúria nem sequer para a Igreja entendida como instituição hierárquica. E muito menos para o Vaticano. Seu tempo é para os fiéis, não no sentido de arrebanhar o maior número possível, mas de despertar neles o fervor evangélico. "A força do testemunho, a suavidade da caridade visibiliza a vida do Evangelho. É o anúncio mais silencioso e vigoroso!" (STEINER, apud SILVA, 2014: 130ss.).

No que se refere ao "espaço", que não é mais o Palácio da "Santa Sé", mas a Casa Santa Marta, evidencia aos carreiristas que o tempo dos "príncipes da Igreja" acabou. No que se refere ao "governo", sacudiu o sistema curial ao convocar oito cardeais de várias partes do mundo para formarem um colegiado de assessores. E levou adiante o desmonte do IOR, o Banco do Vaticano, suspeito de nem sempre agir com transparência e estar movido por propósitos evangélicos, quando simplesmente substituiu quatro ou cinco membros que supervisionavam o banco. E fez as substituições sem dar explicações (VIDAL & BASTANTE, apud SILVA, 2014: 99ss.). Para uma melhor percepção ainda da Igreja que Francisco está restaurando, convém levantar algumas perguntas e fazer algumas projeções.

Perguntas: "A partir de que mundo fala o papa? Da economia política de exclusão e de desigualdade social? A partir de que Igreja fala o papa? 'De uma Igreja sem saída?' Podemos falar de refundação da Igreja?"

Projeções: Depois destes primeiros passos "virão outros que irão configurar institucionalmente a Igreja de outra forma, não mais eurocêntrica, nem vaticanocêntrica, nem papacêntrica, mas jesucêntrica, espíritocêntica, populocêntrica (centrada na categoria povo de Deus, como enfatizou várias vezes o atual papa) e mundocêntrica" (BOFF, apud SILVA, 2014: 121ss.).

4) Mas afinal, qual é a contribuição de Francisco para a Teologia Moral?

Para quem acompanhou a proposta deste livro, o último capítulo deve ter deixado algumas interrogações. Por que dar tanta importância ao Papa Francisco, ressaltando sua figura humana, suas interpelações para os teólogos e para os curiais e o início de um verdadeiro processo de reengenharia da Igreja em seu todo? O que tudo isso tem a ver com os capítulos anteriores sobre os desafios atuais da Moral, seus fundamentos, seu acidentado percurso histórico, Moral sob a inspiração do Vaticano II, repensamento da lei natural, a questão da liberdade, o movimento de conscientização, consciência e virtudes? Afinal, o que mais resta dizer sobre a Teologia Moral? Sobre ela mesma não sobra tanto, mas para esculpir um novo rosto ainda há muito o que fazer. De antemão nem parece que o Papa Francisco tenha estudado Teologia Moral, ou então não gostou nada do que leu e ouviu, pois aparentemente há poucas referências a ela. E estas poucas referências parecem ir contra tudo o que ele deve ter aprendido com os jesuítas. Basta pensar o que falou sobre *gays*, mães solteiras, batizar seus filhos, batizar filhos de pais não casados na Igreja... Basta atentar para o fato que nem sequer pronunciou a palavra sexualidade, mesmo no contexto de uma Jornada Mundial da Juventude; não falou de contraceptivos, de reprodução assistida, de manipulação genética... e muito de leve falou de pecado... justamente para dizer que se trata de uma questão que tem que ser melhor estudada. Até o pecado original não entrou em cena.

Daí estas questões fundamentais: Onde se inspirar para salvar a Teologia Moral do descrédito em que se encontra? Qual a tarefa que cabe a ela? Qual a melhor pedagogia para tirar o acento sobre os mandamentos e sinalizar o caminho para a terra prometida? Ao responder a estas perguntas já podemos dar por concluída a tarefa que nos propusemos, ou seja, a de buscar um novo rosto para a Teologia Moral. Essa preocupação, sempre presente ao longo dos vários capítulos, agora se faz mais explícita neste item que serve de conclusão geral.

a) Moral desvinculada da teologia é imoral

Sobretudo ao longo do nosso terceiro capítulo deve ter ficado claro que os períodos de decadência e os períodos mais fecundos dependem exatamente do maior ou menor vínculo que a Moral mantém com o todo da Teologia. Para começar, vimos que a Teologia Moral deve se fundar na Palavra de Deus, mais especificamente na Teologia da Aliança e na Teologia do Reino de Deus. À medida que se inspira nestes dois referenciais básicos ela se depara com uma riqueza incalculável dos Santos Padres, que na prática evitavam a Moral no sentido estrito para abraçar com carinho a Palavra de Deus. Por isso não produziam manuais, mas apresentavam um rico lastro para quem quisesse seguir os passos de Jesus Cristo e fazer parte do povo de Deus a caminho da Terra Prometida.

Da mesma forma, o que marcou a denominada Alta Escolástica foi justamente o "evangelismo", impressionante movimento de apego ao Evangelho na sua íntegra, e a concatenação com o todo da Teologia. Como aparece claramente na *Summa Theologica* de Santo Tomás de Aquino, tudo parte de Deus, que chama o ser humano e espera sua resposta, e que encontra o balizamento em Jesus Cristo. A rigor, nem Santo Tomás apresenta um tratado de Moral; o que hoje denominamos de Teologia Moral correspondia à segunda parte de sua *Summa Theologica*, ou seja, o caminho da volta dos seres humanos para Deus, seguindo os passos de Jesus Cristo. Na mesma linha percebemos que as denominadas Moral em Renovação e Moral da Libertação absorvem simplesmente o que diz o n. 16 da *Optatam Totius*, onde se cobra uma Teologia Moral mais inspirada na Sagrada Escritura, mais cristocêntrica e que favoreça o aparecimento de frutos para a vida do mundo. Esses são os grandes eixos de uma verdadeira Teologia Moral, contraposta ao moralismo casuísta, juridicista, legalista, pessimista, intimista, que mais apavorava do que orientava os fiéis. Esse tipo de Moral é certamente imoral, pois em vez de mostrar o caminho da salvação leva as pessoas de bem ao desânimo e até ao desespero, em meio a toda sorte de complexos de culpa. Em vez de animar, desanima; em vez de gerar vida, gera a morte; em vez de salvação, apregoa a perdição. Infelizmente, essas concepções não foram ainda totalmente superadas, nem na teoria nem na prática. E é desse tipo de moralismo que o papa foge, mostrando que não é partidário de uma espécie de roteiro muito comum em certos círculos da Igreja, o de perguntas e respostas. Para Francisco os problemas são outros.

Não se prendendo ferrenhamente à letra, ele procura atualizar, por exemplo, a aplicação dos mandamentos. Assim se expressa em relação ao 5º mandamento na Exortação Apostólica *Evangelii Gaudium*: "O mandamento Não matarás estabelece um mandato para respeitar a vida humana. Daí que este 'não matar' deve se aplicar a um sistema econômico baseado na desigualdade e na exclusão [...]". Acrescenta que a economia mata, e até que não se ataquem as raízes dessas desigualdades não se encontrará solução para os problemas do mundo. Ele ainda pede: não a uma economia da exclusão; não à nova idolatria do dinheiro; não a um dinheiro que governa em vez de servir.

b) À Moral cabe "ajuizar", e não "julgar"

Uma das características negativas dos manuais neoescolásticos consistia exatamente nisto: colocar o confessor como "juiz", que em nome de Deus dava ou negava a absolvição.

Não nos esqueçamos de que a tentação de se transformar em juiz dos outros é um grave sintoma de desequilíbrio teológico e moral. É isto que aparece claramente num dos escritos do Papa Francisco, mais exatamente em *Corrupção e pecado*. Como vimos anteriormente, o problema não são os pecadores que se reconhecem como tais. Esses, inclusive, são amigos de Jesus. O problema são os corruptos, que, além de incorrigíveis, passam a se atribuir o papel de juízes. Ao tecer comparações o corrupto se erige em juiz dos outros: ele se faz a medida do comportamento moral (BERGOGLIO, 2013: 27). Contrariando explicitamente a ordem de Jesus "não julgueis para não serdes julgados" (Mt 7,1), a tentação de muitos que se julgam bons cristãos vai exatamente nessa linha, sem perceber que procedem assim para defender seus telhados de vidro.

Bem diferente é a atitude do publicano, o único que sai justificado. Como também é diferente a atitude de quem, com verdadeiro zelo evangélico, preocupa-se com os que trilham caminhos de morte. Preocupar-se não significa julgar, mas, pelo contrário, tentar localizar as raízes mais profundas dos problemas para então poder estender a mão e ajudar o irmão a se levantar. Esta é a atitude de Jesus: não é cego diante dos pecadores, mas sempre olha para eles com misericórdia e termina a cena com uma ordem que aparece com frequência: "levanta-te e anda".

O que importa na preocupação para consigo mesmo e para com os outros em termos de graça e pecado é caminhar. Foi esta a tônica da homilia do Papa Francisco (14/03/2013) quando concelebrava com 114 cardeais: "Nossa vida é um caminho. Quando paramos, não vamos para frente. Devemos caminhar sempre, à luz do Senhor, viver com essa irrepreensibilidade com que vivia Abraão".

c) A única pedagogia evangélica é a do encantamento
Com razão, todas as pessoas mais conscientes prezam sua dignidade. O Papa Francisco não apenas tem isso em mente, como também faz questão de ressaltar que aquilo que realmente importa é uma verdadeira revolução da ternura.

Após um ano de seu ministério ele já apresenta um projeto de Igreja muito bem definido. Como também já estabeleceu uma espécie de linha divisória entre as multidões que o aclamam e pequenos grupos ainda quietos, mas que, decepcionados, devem até se estar perguntando se este papa ainda preza a ortodoxia. Por isso mesmo, quem analisa seus pronunciamentos e faz uma leitura adequada de seus gestos não tem dúvida: O Papa Francisco se sintoniza de modo admirável com a pregação e a prática de Jesus.

O que está em jogo não é a verdadeira doutrina da Igreja. Como Jesus, Francisco veio para resgatar o sentido mais profundo da Aliança e dos projetos de Deus para com a humanidade. Ele verdadeiramente tira a poeira que foi se acumulando ao longo dos tempos – sobretudo em certos segmentos da Igreja – e que acabaram tirando o brilho da Boa-nova. Em vez de ser sua portadora, a Igreja, em certos setores, acabou mostrando, em nome da ortodoxia, um rosto enrugado que espantava os fiéis remanescentes. O caminho do resgate do verdadeiro rosto da Igreja que Francisco encontrou foi o do encantamento, do fascínio. Quem se sente fascinado por Jesus e pelo seu Evangelho deixa tudo para trás e o segue alegremente.

De alguma forma uma contraposição pode ajudar a compreender a Igreja apresentada por Francisco e a Igreja apresentada por esses grupos já escandalizados. Em palavras simples pode-se dizer que existe uma Igreja do "não". "Não pode, não deve" são os imperativos mais comuns. Ao contrário, a Igreja que Francisco tenta restaurar pode ser denominada Igreja do "sim" (cf. MOSER, 2013), como estratégia de um diálogo proveitoso. Sem recuar nada em termos doutrinários, diante dos mais recentes avanços em todos os campos do saber e do poder, sobretudo nos campos da Biogenética e da Biotecnologia, importa apresentar a Igreja do "sim".

"Sim" ao direito de nascer e crescer num lar; "sim" ao direito de ser original e irrepetível; "sim" à verdadeira política familiar e demográfica; "sim" à vida em todas as manifestações e em todas as fases; "sim" às pesquisas levadas adiante com seriedade e serenidade; "sim" às pesquisas com células adultas; "sim" à transparência nos resultados; "sim" à qualidade de vida para todos; "sim" ao incremento dos meios convencionais; "sim" à nossa condição criatural (MOSER, 2013).

É claro que cada um destes "sim" deve ser especificado, mas eles servem como uma espécie de amostra do que significa uma pedagogia do fascínio. Jesus entra em cena na sinagoga de Nazaré exatamente com esta tônica: leu o trecho do Livro de Isaías onde diz que foi ungido para anunciar a todos um ano da graça do Senhor. E mais, ao lermos com atenção os Evangelhos percebemos que, ao lado de pequenos e ferrenhos grupos religiosos, o povo se sentia encantado com Jesus: bastava vê-lo, tocá-lo, ouvi-lo. Ele de fato falava como quem tinha autoridade, mas o povo via ainda mais longe: ele passou pelo mundo fazendo o bem. Pois é certamente esta a pedagogia de Francisco. Está consciente de que não adianta lembrar normas, esbravejar contra a maldade reinante nos corações e na sociedade. O caminho para conseguir uma mudança de rota é outro: revelar o encanto de um encontro com Jesus, a beleza de um amor profundo e verdadeiro, a grandeza de se doar aos outros, sobretudo aos marginalizados. E assim por diante. Enfim, a maneira de ser e de falar de Francisco é a mesma de Jesus: não veio abolir a lei e os profetas, mas revelar seu verdadeiro sentido. E o verdadeiro sentido traz consigo sempre o amor e o entusiasmo pela causa do Reino. Sendo verdade o que diz São Paulo, que a lei mata, mas o Espírito vivifica, também é verdade que o moralismo mata, mas a verdadeira Teologia Moral encanta, na exata medida em que colabora para que todos descubram o caminho do Amor e da Vida. Desta maneira não só ainda é possível uma nova primavera para a Igreja e para a Teologia, mas seus contornos já estão se esboçando no horizonte.

Referências

AGOSTINI, N. (2010). *Ética:* diálogo e compromisso. São Paulo: FTD.

AZPITARTE, E.L. (2012). "Conflitos éticos e magistério da Igreja". *Perspectiva Teológica*, vol. 44, n. 124.

_____ (1995). *Fundamentação da ética cristã*. São Paulo: Paulus.

BACH, M. (1985). *Consciência e identidade*. Petrópolis: Vozes.

BARREIRO, J. (1980). *Educação popular e conscientização*. Petrópolis: Vozes.

BENSAUDE-VINCENT, B. (2013). *As vertigens da tecnociência*. Aparecida: Ideias & Letras.

BEOZZO, J.O. (1993). *A Igreja do Brasil:* de João XXIII a João Paulo II. Petrópolis: Vozes.

BERGOGLIO, J.M. (2013). *Corrupção e pecado* – Algumas reflexões a respeito da corrupção. São Paulo: Ave-Maria.

_____ (2012). *Mente abierta, corazón creyente*. [s.l.]: [s.n.].

_____ (2011). *Nosotros como ciudadanos, nosotros como pueblo* – Hacia un bicentenario en justicia y solidaridad. Buenos Aires: Claretiana.

_____ (2010). *El jesuita* – Conversaciones con el Cardenal Jorge Bergoglio. Barcelona: Vergara [entrevistadores: S. Rubin e F. Ambrogetti].

_____ (2007). *El verdadero poder es el servicio*. Buenos Aires: Claretiana.

_____ (2006). *Sobre la acusación de sí mismo*. [s.l.]: [s.e.].

_____ (2005a). *La nación por construir*: utopía, pensamiento y compromiso. Buenos Aires: Claretiana.

_____ (2005b). *Corrupción y pecado* – Algunas reflexiones en torno al tema de la corrupción. Buenos Aires: Claretiana.

_____ (2004). *Ponerse la patria al hombro* – Memoria y camino de esperanza. Buenos Aires: Claretiana.

_____ (2003). *Educar* – Exigencia y pasión: desafíos para educadores cristianos. Buenos Aires: Claretiana.

_____ (1999-2013). *Homilías y mensajes*. Buenos Aires: Arzobispado de Buenos Aires.

_____ (1992). *Reflexiones en esperanza*. [s.l.]: Universidad del Salvador.

_____ (1987). *Reflexiones espirituales sobre la vida apostólica*. Buenos Aires: Diego de Torres.

_____ (1982). *Meditaciones para religiosos*. Buenos Aires: Diego de Torres.

BERGOGLIO, J.M. (org.) (1998). *Diálogos entre Juan Pablo II y Fidel Castro*. Buenos Aires: Ciencia y Cultura.

BERGOGLIO, J.M. et al. (2012). *Dios en la ciudad* – Primer Congreso Pastoral Urbana Región Buenos Aires. Buenos Aires: San Pablo.

BERGOGLIO, J.M. & SKORKA A. (2010). *Sobre el cielo y la tierra*. Buenos Aires: Sudamericana.

BERGOGLIO, J.M.; SKORKA, A. & FIGUEROA, M. (2013). *A oração; A solidariedade; A dignidade; Razão e fé*. São Paulo: Benvirá Saraiva.

BOFF, C. (2007). "Teologia da Libertação e volta ao fundamento". *REB*, 268.

_____ (1980). "Agente de pastoral e povo". *REB*, 40.

BOFF, L. (2010). *Ética e ecoespiritualidade*. Petrópolis: Vozes.

_____ (2006). *Virtudes para um outro mundo possível*. 3 vols. Petrópolis: Vozes.

BOLDA DA SILVA, M. (2005). *Parâmetros de fundamentação moral* – Ética teológica ou ética filosófica? Petrópolis: Vozes.

CASTILHO, J.M. (2010). *A ética de Cristo*. São Paulo: Loyola.

CELAM (2007). *Documento de Aparecida* – Texto conclusivo da V Conferência Geral do Episcopado Latino-Americano e do Caribe. Brasília/São Paulo: CNBB/Paulinas/Paulus.

_____ (1997). *Nova Evangelização, promoção humana, cultura cristã: Jesus Cristo ontem, hoje e sempre (Hb 13,8)* – Santo Domingo: conclusões. São Paulo: Loyola

_____ (1979). *Puebla* – A evangelização no presente e no futuro da América Latina. Petrópolis: Vozes.

_____ (1969). *A Igreja na atual transformação da América Latina à luz do Concílio* – Conclusões de Medellín. Petrópolis: Vozes.

CNBB (2009). *Teologia Moral em meio a evoluções históricas.* Brasília: CNBB [Subsídios Doutrinais, 2].

COMBLIN, J. (2007). *A vida:* em busca da liberdade. São Paulo: Paulus.

CORTELLA, M.S. (2014). *Pensar bem nos faz bem!* 2. ed. Petrópolis/São Paulo: Vozes/Ferraz & Cortella.

COUTINHO, V. (2012). "Consciência e liberdade à luz da doutrina do Vaticano II". *Didaskalia*, XLII, n. 2.

CULLMANN, O. (1957). *Le Christ et le temps.* Paris: [s.e.].

CUNHA, R.A. (1980). "Consciência crítica". *REB*, 40.

DELHAYE, P. (1971a). "Les bases bibliques du traité de la conscience". *Studia Montis Regis.*

_____ (1971b). "La morale des Pères". *Seminarium*, 3.

DUSSEL, H. (1997). *Teologia da Libertação:* um panorama de seu desenvolvimento. Petrópolis: Vozes.

ENGELHARDT, H.T. (2010). "Bioética global – Levando a sério as diferenças morais". In: PESSINI, L. et al. (2010). *Bioética em tempo de incertezas.* São Paulo: São Camilo/Loyola.

FREIRE, P. (1983). "Educação popular". *Sedoc.*

_____ (1967). *Educação como prática de liberdade.* Rio de Janeiro: Paz e Terra.

FUCHS, J. (1972). *Existe uma moral cristã*. São Paulo: Paulinas.

"Gaudium et Spes" (2000). *Compêndio Vaticano II* – Constituições, decretos e declarações. 30. ed. Petrópolis: Vozes.

GRATTON, H. (1967). *Psicanálises de ontem e de hoje*. São Paulo: Loyola.

GRÜN, A. (2007). *Virtudes que nos unem a Deus*. Petrópolis: Vozes.

GUTIÉRREZ, G. (1985). *Teologia da Libertação*. 3. ed. Petrópolis: Vozes.

HÄRING, B. (1964). *A lei de Cristo*. São Paulo: Herder.

HEREDIA OTERO, J.A. (2012). "La ley natural en relación a la ley de Cristo". *Teología Espiritual*, vol. 56.

HORTELANO, A. (1979). *Problemas actuales de moral* – Introducción a la Teología Moral: la conciencia moral. Madri: Sígueme.

JUNG, C.G. (2011). *Natureza da psique*. 10. ed. Petrópolis: Vozes [Obras Completas de C.G. Jung, 8/2].

KÜNG, H. (2012). *A Igreja tem salvação?* São Paulo: Paulus.

_____ (1997). *Projeto de ética mundial*. São Paulo: Paulinas.

LELOUP, J.-Y. (2014). *O corpo e seus símbolos* – Uma antropologia essencial. 21. ed. Petrópolis: Vozes.

LIBÂNIO, J.B. (2003). *Olhando para o futuro*. São Paulo: Loyola.

_____ (1980). *Formação da consciência crítica*. Vol. 1. 2. ed. Petrópolis: Vozes.

MARCHIONNI, A. (2008). *Ética* – A arte do bom. Petrópolis: Vozes.

McMULLIN, E. (1967). "Liberdade, criatividade e descoberta científica". *A liberdade do homem*. Petrópolis: Vozes.

MIGUEL, J.A. (1969). "Condicionamientos biológicos de la moral del amor". *Moral y hombre nuevo*. Madri: Perpétuo Socorro.

MOSER, A. (2013). "A teologia em ritmo do Papa Francisco". *REB* 73, fasc. 292.

_____ (2004). *Biotecnologia e Bioética* – Para onde vamos? Petrópolis: Vozes.

_____ (1984). "Conscientização e mudança do *ethos* social brasileiro". *Mudanças na moral do nosso povo*. Petrópolis: Vozes.

_____ (1975). "O pecado e os condicionamentos humanos". *Grande Sinal*, 29.

MOSER, A. & LEERS, B. (1987). *Teologia Moral*: impasses e alternativas. Petrópolis: Vozes [Coleção Teologia e Libertação, tomo V, série III: A libertação na história].

MOLTMANN, J. (2010). *Ética da esperança*. Petrópolis: Vozes.

MURARO, R. (2009). *Os avanços tecnológicos e o futuro da humanidade* – Querendo ser Deus? Petrópolis: Vozes.

NICOLELIS, M. (2011). *Muito além do nosso eu* – A nova neurociência que une cérebro e máquinas e como ela pode mudar nossas vidas. São Paulo: Companhia das Letras.

NICOLELIS, M. & KURZWEILO, R. (2007). *A era das máquinas espirituais*. São Paulo: Aleph.

PAPA FRANCISCO (2014). *Evangelii Gaudium* – A alegria do Evangelho [s.n.t.].

PEGORARO, O. (2010). *Ética dos maiores mestres através da história*. Petrópolis: Vozes.

PEREIRA DE ALMEIDA, J.M. (2012). "Percurso da Teologia Moral". *Didaskalia*, XLII, n. 2.

PESSINI, L. et al. (2010). *Bioética em tempo de incertezas*. São Paulo: São Camilo/Loyola.

PESSINI, L. & RONALDO, Z. (2011). *Ser e educar* – Teologia Moral, tempo de incertezas e urgência educativas. Aparecida/São Paulo: Santuário/São Camilo/SBTM.

PONTALIS, J.-B. (1972). *A psicanálise depois de Freud*. Petrópolis: Vozes.

RATZINGER, J. (2008). *Natureza e missão da teologia*. 2. ed. Petrópolis: Vozes.

SAGRADA CONGREGAÇÃO PARA A DOUTRINA DA FÉ (1986). "Instrução *Libertatis Conscientia* sobre a liberdade cristã e a libertação". *AAS*, 79.

_____ (1984). "Instrução sobre alguns aspectos da 'Teologia da Libertação'". *AAS*, 76.

SANTAELLA, L. (2004). *Corpo e comunicação* – Sintoma da cultura. São Paulo: Paulus.

SILVA, J.M. (org.) (2014). *Papa Francisco* – Perspectivas e expectativas de um papado. Petrópolis: Vozes.

SILVA, T.T. (1998). *Liberdades reguladas*. 2. ed. Petrópolis: Vozes.

SIMBA, A. (2009). *Consciência:* do corpo ao sujeito. Petrópolis: Vozes.

SOBRINO, J. (1983). *Cristologia a partir da América Latina.* Petrópolis: Vozes.

TERRIEN, G. (1973). *Le discernement dans les écrits pauliniens.* Paris: [s.e.].

TRENTIN, G. (2013). "Riabilitazione della casuistica in Teologia Morale? – Il metodo del caso". *Credere Oggi*, n. 196.

TUGENDHAT, E. (2003). *O problema moral.* Porto Alegre: Edipucrs.

_____ (2000). *Lições sobre ética.* Petrópolis: Vozes.

YEPEZ, J.A. (2004). *A natureza cura* – Segredos para conservação e recuperação da saúde. Petrópolis: Vozes.

VATICANO (1999). *Catecismo da Igreja Católica.* 9. ed. Petrópolis: Vozes.

VIDAL, M. (2003). *Nova moral fundamental* – O lugar teológico da ética. Aparecida/São Paulo: Santuário/Paulinas.

_____ (1999). *Ética teológica:* conceitos fundamentais. Petrópolis: Vozes.

_____ (1975). *Moral de atitudes* 1: Moral fundamental. 3. ed. Aparecida: Santuário.

WEIL, P. & TOMPAKOV, R. (2013). *O corpo fala* – A linguagem silenciosa da comunicação não verbal. 72. ed. Petrópolis: Vozes.

CULTURAL

Administração
Antropologia
Biografias
Comunicação
Dinâmicas e Jogos
Ecologia e Meio Ambiente
Educação e Pedagogia
Filosofia
História
Letras e Literatura
Obras de referência
Política
Psicologia
Saúde e Nutrição
Serviço Social e Trabalho
Sociologia

CATEQUÉTICO PASTORAL

Catequese
Geral
Crisma
Primeira Eucaristia

Pastoral
Geral
Sacramental
Familiar
Social
Ensino Religioso Escolar

TEOLÓGICO ESPIRITUAL

Biografias
Devocionários
Espiritualidade e Mística
Espiritualidade Mariana
Franciscanismo
Autoconhecimento
Liturgia
Obras de referência
Sagrada Escritura e Livros Apócrifos

Teologia
Bíblica
Histórica
Prática
Sistemática

VOZES NOBILIS

Uma linha editorial especial, com importantes autores, alto valor agregado e qualidade superior.

REVISTAS

Concilium
Estudos Bíblicos
Grande Sinal
REB (Revista Eclesiástica Brasileira)
SEDOC (Serviço de Documentação)

PRODUTOS SAZONAIS

Folhinha do Sagrado Coração de Jesus
Calendário de mesa do Sagrado Coração de Jesus
Agenda do Sagrado Coração de Jesus
Almanaque Santo Antônio
Agendinha
Diário Vozes
Meditações para o dia a dia
Encontro diário com Deus
Guia Litúrgico

VOZES DE BOLSO

Obras clássicas de Ciências Humanas em formato de bolso.

CADASTRE-SE
www.vozes.com.br

EDITORA VOZES LTDA.
Rua Frei Luís, 100 – Centro – Cep 25689-900 – Petrópolis, RJ
Tel.: (24) 2233-9000 – Fax: (24) 2231-4676 – E-mail: vendas@vozes.com.br

UNIDADES NO BRASIL: Belo Horizonte, MG – Brasília, DF – Campinas, SP – Cuiabá, MT
Curitiba, PR – Florianópolis, SC – Fortaleza, CE – Goiânia, GO – Juiz de Fora, MG
Manaus, AM – Petrópolis, RJ – Porto Alegre, RS – Recife, PE – Rio de Janeiro, RJ
Salvador, BA – São Paulo, SP